Seitfudem / Gunia
Professionell schreiben

Professionell schreiben

Praktische Tipps für alle, die Texte verfassen:
Rechtschreibung, Stilmittel, Layout,
Arbeitstechniken und vieles mehr

von Dr. Gerhard Seitfudem und Dorit Gunia

Koautoren der ersten beiden Auflagen:
Franz Prinz, Alexander Goldberg

3., vollständig überarbeitete
und erweiterte Auflage, 2007

Publicis Corporate Publishing

Bibliografische Information Der Deutschen Nationalbibliothek
Die Deutsche Nationalbibliothek verzeichnet diese Publikation in der
Deutschen Nationalbibliografie; detaillierte bibliografische Daten sind
im Internet über http://dnb.d-nb.de abrufbar.

www.publicis-erlangen.de/books

ISBN 978-3-89578-298-5

3. Auflage, 2007

Herausgeber: Siemens Aktiengesellschaft, Berlin und München
Verlag: Publicis Corporate Publishing, Erlangen
© 2007 by Publicis KommunikationsAgentur GmbH, GWA, Erlangen

Printed in Germany

Vorwort zur 3. Auflage

Gute Texte sind die Visitenkarte jedes Unternehmens. „Professionell schreiben" gibt Ihnen eine Menge Tipps, die Sie nutzen können, wenn Sie Texte verfassen, egal ob Fachartikel, Dokumentationen, Angebote, Präsentationen oder Vertriebsunterlagen.

Fortschrittlichkeit dokumentiert sich nicht zuletzt auch durch die Sprache und die Schreibweise von Begriffen. Wer auf der Höhe der Zeit sein will, sollte sich daher der neuen Regeln bedienen. Dieses Buch enthält eine individuell zusammengestellte alphabetische Liste der Wörter des zentralen Wortschatzes, bei denen sich die Schreibweise gegenüber den Regeln der letzten (gültig bis 2006) oder vorletzten Rechtschreibregelung (verabschiedet 1995) geändert hat oder bei denen auch sonst in der Rechtschreibung weitgehend sichere Personen oft Fehler machen.

Der zweite wichtige Komplex des Buchs sind die allgemeinen Tipps für alle, die bei ihrer täglichen Arbeit Texte verfassen oder bearbeiten: MitarbeiterInnen in der technischen Dokumentation, VerfasserInnen von Fachbüchern, Fachaufsätzen, Angeboten, Rundschreiben, SekretariatsmitarbeiterInnen und natürlich auch diejenigen, die an ihrem PC Konzepte, Pressemitteilungen, Vorträge usw. entwickeln. Auch für Studenten ist „Professionell schreiben" äußerst nützlich.

Das Buch enthält ein Kapitel mit den wichtigsten Korrekturzeichen, eine übersichtliche Liste von Word-Shortcuts, ein paar Tipps für das Arbeiten mit PowerPoint und mit der Word-Funktion Suchen und Ersetzen, die Beschreibung der Abläufe bei der Buch- und Zeitschriftenherstellung, ein Kapitel über Seitengestaltung und Typographie, Informationen zur Textstrukturierung, zu richtigen Schreibweisen, zum Stil und zur Bild- und Tabellengestaltung, einen Abschnitt über E-Mail-Netikette, ein Kapitel über das Urheberrecht und eine Zusammenstellung nützlicher Arbeitstechniken.

Natürlich kann eine Veröffentlichung dieser Art nicht alle Themen in ganzer Ausführlichkeit darstellen; Handlichkeit und Übersichtlichkeit des Buchs würden drastisch darunter leiden. Wenn Sie also mehr zu den einzelnen Themen wissen wollen, informieren Sie sich, z. B. mit Hilfe der im Literaturverzeichnis angegebenen Publikationen. Und scheuen Sie sich nicht, die Wörterliste in Kapitel 2 oder den Duden (oder den Wahrig, das Pendant von Bertelsmann) zu befragen, wenn Sie sich über eine Schreibweise nicht sicher sind, das geht meistens schneller und ist sicherer als intensives Nachdenken. Nicht selten hilft auch ein Blick ins Internet weiter. Allerdings führt hier die Suche manchmal in einen unübersichtlichen Wald.

Aber nun genug der Einführung! Unser Autorenteam und der Verlag freuen sich über den Erfolg der ersten beiden Auflagen und hoffen, dass auch diese Auflage bald vergriffen sein wird. Wir bedanken uns bei allen, die unsere Arbeit an dem Buch unterstützt haben – stellvertretend für alle anderen seien hier Christiane Elsner und Evgueni Vialtsev genannt, und wünschen Ihnen viel Spaß und Erfolg mit „Professionell schreiben"!

Erlangen, Juni 2007   Die Autoren

Inhaltsverzeichnis

10   Netikette – Kommunikation im Internet 142

Kommunikation im Internet – per E-Mail, in Foren oder Weblogs –
bietet aufgrund seiner Schnelligkeit viele Vorteile, aber auch Gefahren für Missverständnisse. Die hier vorgestellten Regeln und Hinweise können helfen, den elektronischen Austausch von Informationen zu erleichtern.

11   Der Urheber und seine Rechte 147

Wer schreibt, sollte über seine Rechte und Pflichten und die der anderen Beteiligten Bescheid wissen. Hier finden Sie eine kleine Einführung in das Urheberrecht.

12   Arbeitstechniken 155

Die beschriebenen Methoden und Techniken sollen Ihnen helfen,
Ihre Kreativität zielgerichtet einzusetzen, Inhalte zu sammeln und zu
strukturieren, Entscheidungsprozesse zu vereinfachen und Ihre Zeitplanung zu optimieren.

1 Die Rechtschreibung

Nachdem an der 1996 verabschiedeten Reform viel Kritik geübt wurde – und das sicher teilweise zu Recht, wurde 2004 der Rat für deutsche Rechtschreibung eingesetzt, um zu den strittigsten Fragen der damals gültigen Regeln einen Kompromiss auszuarbeiten. Im Februar 2006 legte der Rat seine Empfehlungen vor, die daraufhin von den zuständigen staatlichen Stellen der deutschsprachigen Länder angenommen wurden und zum 1. August 2006 in Kraft traten.

Dieses Kapitel soll Ihnen einen Überblick über die Regeln der deutschen Rechtschreibung geben, die nach unserer Erfahrung im täglichen Umgang immer wieder übersehen oder missachtet werden. Für uns war es in den letzten Jahren faszinierend, wie viele Autoren – weil sie wussten, dass sich viele Schreibweisen geändert hatten – insbesondere Wörter, deren zusammengesetzte Schreibweisen nie zur Diskussion standen, immer wieder auseinander schrieben, zum Beispiel „aus einander". Das kann manchmal selbst einen Rechtschreibprofi verwirren.

Wie bei allen Regelwerken zur Rechtschreibung sind Gliederung und Darstellung von Regeln nicht ganz einfach. Wir haben versucht, die aktuellen Regeln nach Inhalten so zu strukturieren und in der Reihenfolge ihrer Häufigkeit und Bedeutung „für den täglichen Bedarf" anzuordnen, dass Sie möglichst schnell das finden, worüber Sie sich informieren möchten. Die Regeln sind durch Beispiele ergänzt, die Ihnen helfen sollen, sich gut in die neue Rechtschreibung einzufinden.

Wir – die Autoren – halten die aktuelle Rechtschreibregelung für weitgehend gut gelungen, orientiert sie sich doch gegenüber der Regelung von 1996 wieder deutlich mehr an den speziellen Ausdrucksmöglichkeiten und der praktischen Anwendung der deutschen Sprache.

1.1 Verdopplung von Konsonanten nach kurzem Vokal, ß, s- und z-Laute, Dehnungen mit h, Umlaute

Auf kurze Vokale (Selbstlaute) folgen generell zwei Konsonanten (Mitlaute): *Tipp, Karamell, nummerieren ...*
Ausnahmen bilden Wörter auf *-as, -is, -os, -us: Zeugnis, Atlas, Iris, Albatros, Globus ...*

Verdopplung von Konsonanten nach kurzem Vokal

Nach kurzen Vokalen ersetzt man *ß* jetzt durch ss.

ß, s-Laute

Bis 1996: *daß, müssen - muß - hat gemußt*

Jetzt: *dass, müssen - muss - hat gemusst*

Nach langen Vokalen und nach Doppellauten bleibt das *ß* erhalten: *Maß, groß, draußen, reißen ...*

Bei Lauten mit *-anzi-* oder *-enzi-* ist nun die Schreibung mit *z* die Hauptform, die Schreibweise mit *t* ist ebenfalls erlaubt, aber meist nur noch fachsprachlich üblich: *Potenzial, Potential, differenziell, differentiell, essenziell, essentiell, substanziell, substantiell*

z-Laute

Die frühere Form *plazieren* wird durch die Stammform zu *Platz* ersetzt: *platzieren*

Das *h*, das im Schriftbild eine Dehnung anzeigt, wird in einigen Fällen aus Gründen der Regelmäßigkeit aufgegeben. Jetzt: *rau (wie blau), Känguru (wie Gnu) ...*

Dehnungen mit h

Um bestimmte Wörter anderen Mitgliedern ihrer Wortfamilie anzugleichen, werden jetzt häufiger Umlaute gesetzt als früher. Bei einigen dieser Wörter sind zwei Schreibweisen gestattet. Entscheidend dabei ist, welcher Wortfamilie ein Wort *heute* zugeordnet wird.

Umlaute

Nur eine Schreibweise möglich: *Quäntchen (wie Quantum), Stängel (wie Stange), schnäuzen (wie Schnauze), einbläuen (wie blau), ...*

Zwei Schreibweisen möglich: *aufwendig (zu aufwenden)* oder *aufwändig (zu Aufwand), Schenke* oder *Schänke (wegen ausschenken* und *Ausschank)*

Siehe dazu auch Abschnitt 1.6 Schreibweise von Fremdwörtern.

11

1.2 Groß- und Kleinschreibung

Feste Fügungen aus Adjektiv und Substantiv

Bei festen Fügungen aus Adjektiv und Substantiv schreibt man das Adjektiv von nun an klein, falls es sich nicht um Eigennamen handelt:

schwarzes Brett, erste Hilfe, ...

Aber:

Heiliger Abend, Schwarzer Milan, Großer Wagen, Grüne Woche

Ableitungen von Personennamen werden generell klein geschrieben:

kafkaeske Darstellung, mozartartige Komposition

Bei besonderer Betonung der Grundform wird ein Name aber groß geschrieben. In solchen Fällen wird die Endung mit einem Apostroph abgesetzt:

Ohm'sches Gesetz, die Grimm'schen Märchen

Als Substantiv gebrauchte Wörter

Adjektive (Eigenschaftswörter) und Partizipien (Formen wie „das Laufende") werden in der Regel groß geschrieben, wenn sie die Funktion eines Substantivs übernehmen und man ihnen einen Artikel (Begleiter) voranstellen kann:

im Allgemeinen, im Folgenden, im Wesentlichen, das Beste, des Weiteren, den Kürzeren ziehen, um ein Beträchtliches, auf dem Laufenden sein, im Voraus, ..., der Einzelne, bis ins Einzelne, im Einzelnen, der Letzte

Die Wahl zwischen Groß- und Kleinschreibung hat man bei Wendungen wie dieser:

auf das schönste/Schönste, von neuem/Neuem, ohne weiteres/Weiteres (österr. ohneweiters), bis auf weiteres/Weiteres, seit längerem/Längerem, das mindeste/Mindeste, im mindesten/Mindesten

Auch bei *viele/Viele, das viele/Viele, die vielen/Vielen; wenige/Wenige; das meiste/Meiste, die meisten/Meisten; der andere/Andere; die einen/Einen und die anderen/Anderen* und vielen ähnlichen Wendungen hat man die Auswahl; bei substantivischer Verwendung verwendet man Großschreibung, sonst Kleinschreibung.

Groß schreibt man substantivierte Begriffe wie *Süßes und Saures, Schreckliches, Bedeutendes, das Vielfache...*

Faustregel: Wenn die Frage „wie" lautet, schreibt man klein *(auf das angenehmste, am besten).*

Paarformeln zur Bezeichnung von Personen schreibt man groß:

Alt und Jung, Klein und Groß

Paarformeln

Alle mit einer Präposition (in, auf ...) verbundenen Farben und Sprachen schreibt man groß.

auf Deutsch, in Englisch, in Grün;
aber: *wir sprechen deutsch/Deutsch*

Farben und Sprachen

nächsten Dienstagabend, eines Dienstagabends, heute Abend, am Mittag, mittags, sonntagmorgens

Zeitangaben

Bruchzahlen schreibt man vor Maß- und Uhrzeitangaben klein:

ein viertel Pfund, eine zehntel Tonne (auch ein Viertelpfund, eine Zehnteltonne, aber keine Zusammenschreibung mit „halbe"), um viertel vier, um drei viertel neun.

Zahlwörter und Altersangaben

In allen übrigen Fällen schreibt man Bruchzahlen groß:

ein Zwölftel, drei Viertel Torte, um Viertel nach zwölf, fünf Viertelstunden

Altersangaben schreibt man klein, auch Angaben über einen Zeitraum:

der Mensch über achtzig, die achtziger Jahre (auch Achtzigerjahre, 80er-Jahre, 80er Jahre)

Bestimmte Zahlangaben schreibt man klein, unbestimmte Zahlangaben schreibt man klein oder groß:

hundert Bücher, hunderte/Hunderte von Büchern, ein dutzend Eier, dutzende/Dutzende Eier

Auch bei Mal/-mal gilt der Trend zur Großschreibung und zur Vereinheitlichung.

Früher: *das erste Mal, das erstemal*

Jetzt: *das erste Mal*

Verbindungen mit Mal/-mal

Du, ihr, Sie und Ihr

Du und *ihr* werden in Briefen groß geschrieben, sonst klein. *Deine, ihre* usw. werden klein geschrieben, die Höflichkeitsanreden *Sie* und *Ihr* groß.

Nach einem Doppelpunkt

Nach einem Doppelpunkt schreibt man klein weiter, wenn kein ganzer Satz folgt.

1.3 Zusammen- und Getrenntschreibung

Bestandteile von Wortgruppen schreibt man getrennt, Bestandteile von Zusammensetzungen schreibt man zusammen. In manchen Fällen können solche Bestandteile sowohl Wortgruppen ergeben *(nicht leitend)*, als auch Wortzusammensetzungen *(nichtleitend)*. Ob es sich um eine Wortgruppe handelt oder um eine Zusammensetzung, richtet sich nach Sprachgebrauch und Sinn des jeweiligen Satzes.

Eine einfache Faustregel ist: *Wenn sich durch Zusammenschreibung ein anderer Sinn ergibt und dieser Sinn gewünscht ist, so schreibt man die Bestandteile zusammen.* So würde *zu Recht weisen* einen völlig anderen Sinn ergeben als *zurechtweisen*.

Im Folgenden sind einige Fälle aufgelistet, bei denen es regelmäßig zur Unsicherheiten bzw. zu Fehlern kommt. Eine Fülle von Beispielen bietet Ihnen auch die Wörterliste in Kapitel 2.

Immer zusammen

Substantiv + Verb:

handhaben (sie handhabt, wird handhaben, handhabte, hatte gehandhabt)

schlafwandeln (sie schlafwandelt, wird schlafwandeln, schlafwandelte, hatte geschlafwandelt)

Andere + Verb:

maßregeln (sie maßregelt, wird maßregeln, maßregelte, wurde gemaßregelt)

herbeieilen (sie eilt herbei, wird herbeieilen, ist herbeigeeilt)

14

Adjektiv oder adjektivisch gebrauchtes Wort als zweiter Bestandteil:

bahnbrechend, jahrelang, angsterfüllt (aber: von Angst erfüllt), die energiesparendste Methode, wehklagend, nasskalt, stockdunkel

Wörter mit Endungen auf:

-dessen, -dings, -falls, -halber, -mal (einmal, zweimal...), -maßen, -orten, -orts, -seits, -so (ebenso, genauso, umso, ...), -teils, (großenteils, ...), -wärts, -wegen, -wegs, -weil, -weilen, -weise (klugerweise, scheibchenweise, ...), -zeit (seinerzeit, zurzeit, ...), -zeiten (beizeiten, vorzeiten, ...), -zu

Wörter mit Beginn auf:

bei-, der-, irgend- (irgendeinmal, irgendwohin, ...), nichts- (nichtsdestotrotz, ...), zu- (zuallererst, zumindest, zuoberst, zuzeiten, ...)

Präposition + Verb:

entgegengehen (er geht entgegen, ging entgegen, war entgegengegangen)

Im Infinitiv zusammen

Adverb + Verb:

hinausgehen (er geht hinaus, ging hinaus, war hinausgegangen)

dabeisitzen (er sitzt dabei, saß dabei, war dabeigesessen), aber – anderer Sinn: *dabei sitzen*

Adjektiv + Verb (bei besonderer Bedeutung):

krankschreiben, heimlichtun, richtigstellen, schwerfallen, kurzarbeiten (aber – anderer Sinn: kurz arbeiten)

Adjektiv/Adverb + Verb:

schachmatt setzen, müde machen, grün streichen (jeweils eindeutiger Sinn)

Getrennt

beisammen sein, vorbei sein (Verbindungen mit *sein:* immer getrennt)

Substantiv + Verb:

Rad fahren, Auto fahren (aber: *das Radfahren, Autofahren*)

Verb + Verb:

schreiben lernen, laufen wollen, fahren können

Sonstige:

irgend so ein/eine/einer/eines/etwas (aber: *irgendein, ...*), *darüber hinaus, so viel, so viele, wie viel, wie viele* (Zusammensetzungen mit *viel:* immer getrennt)

Zusammen oder getrennt

Adjektiv + Verb:

kaputtmachen – kaputt machen, grobmahlen – grob mahlen

Substantiv + Verb:

Brust schwimmen – brustschwimmen, Staub saugen – staubsaugen, Acht geben – achtgeben, Maß halten – maßhalten

Verb + Verb:

kennenlernen – kennen lernen, bleibenlassen – bleiben lassen, liegenlassen – liegen lassen, übrigbleiben – übrig bleiben (gilt generell für Verbindungen mit *bleiben* und *lassen* als zweitem Bestandteil, sonst in der Regel getrennt)

Adjektiv oder adjektivisch gebrauchtes Wort als zweiter Bestandteil:

allein erziehend – alleinerziehend, selbst gemacht – selbstgemacht, allgemein gültig – allgemeingültig, nicht öffentlich – nichtöffentlich (Vorsicht: hier können sich durchaus Sinnänderungen ergeben)

Sonstige:

anstelle – an Stelle, aufgrund – auf Grund, mithilfe – mit Hilfe, vonseiten – von Seiten, zu[un]gunsten – zu Gunsten/ Ungunsten, zulasten – zu Lasten, ...

imstande sein – im Stande sein, infrage stellen – in Frage stellen, zuhause – zu Hause, zuleide – zu Leide, zuschanden – zu Schanden, zutage treten – zu Tage treten, zuwege – zu Wege, ...

sodass – so dass

16

1.4 Wortzusammensetzungen

Wenn in Wortkombinationen drei gleiche Buchstaben aufeinander folgen, schreibt man alle drei:

Schwalllöten, Betttuch, Teeei, Schifffahrt, Flusssand ...

Man kann solche zusammengesetzten Wörter (Komposita) auch durch Bindestriche teilen (was nicht unbedingt schöner ist).

Drei aufeinanderfolgende gleiche Buchstaben

Beim Substantivieren von auf *h* endenden Adjektiven durch Anhängen der Silbe *-heit* bleiben beide *h* erhalten:

Rohheit, Zähheit ... aber: *Rauheit* (vgl. Abschnitt 1.1)

Nomen auf -heit

Kombinationen aus Abkürzungen schreibt man mit Bindestrich:

Dipl.-Psych., Best.-Nr., Tel.-Nr., E-Mail-Adr., ...

Kombinationen aus Abkürzungen

Kombinationen aus Ziffern und Wörtern schreibt man mit Bindestrich:

100-prozentig, 8-jährig, 8-Tonner, 60-jährig, der 60-Jährige, 3/4-Takt, der 15-Zoll-Bildschirm

Aber: *die 68er, 20%ig, ein 100stel*

Kombinationen aus Ziffern und Wörtern

Kombinationen aus Ziffern, Maßeinheiten und Wörtern schreibt man mit Bindestrich:

1-kg-Paket, 100-m-Lauf, 2-A-Sicherung

Nicht nur unübersichtliche Wortzusammensetzungen mit mehr als drei Teilen, sondern auch kurze Zusammensetzungen darf man durch Bindestriche aufteilen, um sie für den Lesenden hervorzuheben.

Bindestriche in Wortzusammensetzungen

Bei Fachtexten ist dies ein wichtiges Thema: Machen Sie nicht zu viele Bindestriche und schreiben sie so, wie es für Ihre Zielgruppe optimal ist. Bedenken Sie, dass Experten viele zusammengesetzte Wörter in einem Wort und ohne Bindestriche schreiben, weil es sich für sie um ganz alltägliche Begriffe handelt! Zudem machen Bindestriche Texte nicht selten holpriger – Bindestriche führen oft zu einer unbeabsichtigten oder gar nicht sinnvollen Betonung der mit Bindestrich geschriebenen Wörter in Texten.

Beispiele: *Arbeiter-Unfallversicherungsgesetz, Ballspielen, Kirchensteueramt, Hardwareinkompatibilität, ...*

Bei **Aneinanderreihungen** setzt man in der Regel Bindestriche:

das Entweder-oder, Do-it-yourself-Bewegung, Januar-Februar-Ausgabe (auch Januar/Februar-Ausgabe), Strom-Spannungs-Diagramm, Mund-zu-Mund-Beatmung, Es-Moll, öffentlich-rechtliche Anstalt

Auch zur **Hervorhebung einzelner Bestandteile** wird der Bindestrich eingesetzt:

Kann-Bestimmung, Schau-Verfahren, ...

Und er dient zur **Vermeidung von Missverständnissen:**

Musik-Erleben, Re-Import

Bei **Zusammensetzungen mit Namen** wird ebenfalls der Bindestrich verwendet:

Franz-Kafka-Fan, Kant-Texte

Nicht eindeutig ist der Fall bei **Zusammensetzungen mit Marken oder Produktbezeichnungen:**

Heinz-Tomatenketchup-Esser, Heinz Tomatenketchup-Esser oder gar *Heinz Tomatenketchup Esser?*

Das Sprachgefühl spricht eindeutig für die erste Lösung. Die Rechtssituation oder die Festlegungen des Produktanbieters könnten auch für die zweite oder gar die dritte Lösung sprechen. Hier sollten Sie im Einzelfall sorgfältig überlegen.

Bezeichnungen von Straßen und Plätzen

Sind Straßen oder Plätze nach Nachnamen bezeichnet, so schreibt man sie in einem Wort: *Merkelallee.*

Sind Straßen oder Plätze nach Vor- und Nachnamen bezeichnet, so schreibt man sie mit Bindestrich: *Kurt-Beck-Promenade.*

Sind Straßen oder Plätze nach geografischen Plätzen bezeichnet, so schreibt man sie meistens getrennt – *Berliner Platz* – oder zusammen – *Zugspitzstraße, Moselgasse.*

Anglizismen

Bei Fremdwörtern folgt die Schreibung mit Bindestrich den deutschen Regeln. Viele aus englischen Wörtern zusammengesetzte Begriffe werden in einem Wort geschrieben. Das entspricht auch dem Trend zur Vereinfachung der Rechtschreibregeln. Viele gute Autoren und Redakteure sind aber bei dieser Art von Begriffen ihrer Zeit immer ein bisschen voraus. Wenn Ihr Text von einem Redakteur bearbeitet wird, sollten Sie möglichst früh mit ihm vereinbaren, wie mit solchen Begriffen umzugehen ist.

Beispiele: *Cashflow, Commonsense* oder *Common Sense, Joint Venture*

Dabei stellt sich immer die Frage, ob es einen sinnvollen Grund gibt, Wörter anders zu schreiben als dies im Englischen üblich ist. In der Regel heißt die Antwort eindeutig „nein". Daher schreibt man aus dem Englischen stammende Substantivierungen aus Verb + Adverb normalerweise mit Bindestrich, das Gleiche gilt für Adjektiv- oder Adverb-ähnliche Begriffe:

Beispiele: *Stand-by, Sit-in, Roll-out – bottom-up, top-down*

Ist die Lesbarkeit nicht beeinträchtigt, können diese Begriffe auch in einem Wort geschrieben werden:

Standby, Rollout

1.5 Worttrennung

Zwischen Vokalen, die zu verschiedenen Silben gehören, kann getrennt werden: *Ei-er, sau-er ...*

Drei Grundregeln

Steht ein Konsonant zwischen zwei Vokalen, so kommt er beim Trennen in die nächste Zeile: *Ei-mer, Re-he, sau-ber, sto-ßen ...*

Stehen mehrere Konsonanten zwischen zwei Vokalen, so kommt beim Trennen der letzte Konsonant in die nächste Zeile: *eit-rig, Saueramp-fer ...*

„Trenn' unbefangen das *st*, es tut den beiden nicht mehr weh": *Kis-te, läs-tig, Gins-ter, feins-ter ...*

Werden *ck, ch, sch, ph, rh, sh, th* wie ein Konsonant gesprochen, werden sie bei der Trennung auch wie ein einzelner Konsonant behandelt: *Bä-cker, Be-cher, rau-schen, Si-phon, Myr-rhe, pu-shen, Lu-ther ...*

st, ck, ch, sch, ph, rh, sh, th

Abtrennung von Einzelbuchstaben

Einzelbuchstaben am Wortanfang oder Wortende werden nicht abgetrennt. Das gilt auch in Wortzusammensetzungen:

Falsch: *O-fen, Kachelo-fen, Szenari-o, Szenari-otechnik*

Richtig: *Ru-i-ne, Vi-si-o-nen*

hinauf, herein, warum ...

Heraus und ähnliche Wörter werden nicht mehr zwangsläufig nach ihren Wortbestandteilen getrennt; auch Trennung nach Sprechsilben ist möglich:

hin-auf, hi-nauf, her-ein, he-rein, war-um, wa-rum ...

Trennung von Fremdwörtern

Für das Trennen von Fremdwörtern gelten ähnliche Regeln wie für deutsche Wörter; oft sind mehrere Trennungen möglich:

inte-ressant, inter-essant, Pä-dagoge, Päd-agoge, Chi-rurg, Chir-urg, Hek-tar, Hekt-ar, Zy-klus, Zyk-lus, Hy-drant, Hydrant, Fe-bruar, Feb-ruar ...

1.6 Schreibweise von Fremdwörtern

Eingedeutschte Schreibweisen

Etliche Fremdwörter sind „eingedeutscht" worden; es wird zwischen bevorzugter und erlaubter Schreibung unterschieden. Allerdings ist zu beachten, dass fachsprachlich oft die alten Schreibweisen noch Standard sind – und in manchen Fällen aus unserer Sicht empfehlenswert, wenn sie der fachsprachlich weltweit üblichen Schreibweise entsprechen. Bei Unsicherheit sollten Sie die Wörterliste in Kapitel 2 zur Hilfe nehmen.

Früher	Jetzt	Beispiele
ai	*ai* oder *ä*	*Drainage/Dränage, Mayonnaise/Majonäse*
c	*c* oder *ss*	*Facette/Fassette*
c	*c* oder *z*	*circa/zirka*
ch	*ch* oder *sch*	*Chose/Schose, Ketchup/Ketschup*
é oder *ée*	*é/ée* oder *ee*	*Varieté/Varietee; Café/Kaffee* (unterschiedliche Bedeutung)

Früher	Jetzt	Beispiele
gh	gh oder g	Ghetto/Getto, Joghurt/Jogurt, Spaghetti/Spagetti
ou	ou oder u	Nougat/Nugat
ph	ph oder f	Orthographie/Orthografie, Photo/Foto
qu	k	Bouquet/Bukett
rh	rh oder r	Katarrh/Katarr
t (vor i)	t oder z	Potenzial/Potential, differenziell/differentiell, potenziell/potentiell, substanziell/substantiell
th	th oder t	Panther/Panter, Kathode/Katode

Fremdwörter aus dem Englischen, die auf -y enden, erhalten im Plural ein -s, auch wenn im Englischen der Plural mit -ies gebildet wird: *Baby – Babys, Lady – Ladys, Kiddy – Kiddys, Party – Partys, ...*

Pluralbildung

1.7 Das Komma

Generell gilt: Häufig haben Sie als Schreibender die Möglichkeit, zu entscheiden, ob Sie Kommas setzen oder nicht.

Bedenken Sie: In vielen Fällen ist es zweckmäßig, ein Komma zu setzen, um die Satzstruktur zu verdeutlichen. Das sollte man aber nicht übertreiben. Wenn Sie sich nicht sicher sind, ob ein Komma gesetzt werden muss oder nicht, ist es meistens besser, ein Komma zu setzen.

Zwei gleichwertige Satzteile grenzt man durch Kommas voneinander ab:

Sie arbeitete am PC, er putzte die Küche.

Komma zwischen gleichwertigen Satzteilen

Sind diese Satzteile durch *und* bzw. *oder* oder durch *bzw./ beziehungsweise, sowie, wie* (im Sinne von *und*), *entweder ... oder, sowohl ... als auch* oder *weder ... noch* verbunden, steht kein Komma:

Sie arbeitete am PC und er putzte die Küche. Weder arbeitete sie am PC noch putzte er die Küche.

Bei entgegenstellenden Konjunktionen wie *aber, doch, jedoch, sondern* oder *trotzdem* steht ein Komma:

Sie arbeitete am PC, doch er putzte die Küche.

Komma bei Nebensätzen

Nebensätze grenzt man mit Komma ab:

Sie sagte, sie wolle am PC arbeiten.

Sie wollte an dem PC, den sie gestern gekauft hatte, arbeiten.

Komma bei Infinitiv- und anderen Wortgruppen

Infinitivgruppen grenzt man mit Komma ab, wenn nicht nur der reine Infinitiv steht; beim reinen Infinitiv kann ein Komma gesetzt werden:

Sie wollte am PC arbeiten, um ihrem Mann eine Freude zu machen.

Sie ging nach oben, um zu arbeiten.

Die Aufgabe(,) zu putzen(,) hatte er schon vor Monaten übernommen.

Andere Gruppen grenzt man meist mit Komma ab, doch oft liegt es im Ermessen des Schreibenden, ob er etwas mit Komma abgrenzen will:

Das Rätsel zu lösen(,) ist für dich kein Problem.

Er hatte(,) trotz aller guten Vorsätze(,) wieder Zucker in den Cappuccino gerührt.

Kommas und Anführungszeichen

Wenn die Sätze Anführungszeichen enthalten, können Sie sich bei der Kommasetzung am folgenden Gespräch orientieren:

„Schon wieder Probleme mit den Satzzeichen!", sagte Inge.

„Ich verstehe das auch nicht", meinte Eric.

„Ich schon", meinte Else, „es war doch schon immer so."

„Wann kriegen wir das in den Griff?", wollte Martin wissen. „Wir arbeiten schon so lange daran."

Lea ergänzte: „Eigentlich müsste das schon lange klappen. Ihr habt doch noch einmal gefragt ,Wie funktioniert denn das?', oder?"

In vielen Fällen, in denen Kommas benutzt werden, wären stattdessen auch andere Satzzeichen möglich. Oft wären sie sogar besser geeignet, den Sinn eines Satzes deutlich zu machen:

Andere Satzzeichen als Ersatz für Kommas

Das Semikolon (Strichpunkt): *Sie arbeitete am PC; er putzte die Küche.*

Der Gedankenstrich: *Sie arbeitete am PC – er putzte die Küche. Sie – mit all Ihrem technischen Sachverstand – arbeitete am PC; er putzte die Küche.*

Die Klammer: *Sie (mit all Ihrem technischen Sachverstand) arbeitete am PC, er putzte die Küche.*

Der Punkt: *Sie arbeitete am PC. Er putzte die Küche.*

2 Wörter und Ausdrücke, die oft falsch geschrieben werden

Die folgende Wörterliste enthält etwa achttausend häufig benutzte Wörter und Fügungen. Wir haben versucht, insbesondere diejenigen Wörter und Fügungen hier aufzunehmen, die öfter falsch geschrieben werden oder bei denen ein größeres Risiko besteht, dass sie falsch geschrieben werden. Das betrifft insbesondere die Klein-/Großschreibung, die Zusammen- und Getrenntschreibung oder Zahlwörter. Außerdem finden Sie Fälle, bei denen oft Unsicherheit besteht, ob an einer Stelle des Wortes ein Doppelbuchstabe steht oder nicht (zum Beispiel „Ressourcen" – im Englischen heißt es aber „resources"), zudem alternative Schreibweisen mit k oder c, mit ph oder f oder Wörter, die zwei richtige Schreibweisen haben.

Wenn Sie ein bisschen in der Liste lesen, werden Sie zum Beispiel feststellen, dass viele allgemein übliche Schreibweisen mit Bindestrich falsch sind oder dass die Zusammen- und Getrenntschreibung nach der aktuellen Rechtschreibung in den meisten Fällen wieder sehr sinnorientiert geregelt ist, so dass die Feinheiten der deutschen Sprache auch wieder in der Rechtschreibung Ausdruck finden.

Wenn Sie diese Wörterliste benutzen, sollten Sie Folgendes beachten: Die hier bevorzugten Schreibweisen stimmen nicht immer mit der oder den vom Duden vorgeschlagenen Schreibweisen überein. Der Duden gibt nämlich oft mehrere Schreibweisen an, von denen wir aber aufgrund unserer Erfahrung nicht jede für sinnvoll halten oder die wir deswegen nicht erwähnen, weil für ihre Anwendung eine ausführliche Erklärung notwendig wäre (die in der Regel auch der Duden nicht leistet, weswegen seine Verwendung bei vielen Begriffen nicht ganz einfach ist).

Uns geht es hier nicht nur um die simple Frage „Was ist richtig?", sondern insbesondere auch um die viel wichtigere Frage: „Was ist eine gute Schreibweise?"

A

Abc-Schütze
ABC-Waffen
Abend
am/gestern/heute/morgen Abend; eines Abends; Dienstagabend *vgl. dort*
abends
dienstagabends, dienstags abends
aberhundert[e]/Aberhundert[e]
aberhundert/Aberhundert [Sterne]; [hundert/Hundert und] aberhundert [Sterne]; aberhunderte/Aberhunderte [Sterne]
abertausend[e]/Abertausend[e]
vgl. aberhundert[e]/Aberhundert[e]
Abscheu
abscheuerregend, Abscheu erregend
abseitsstehen, *aber* **im Abseits stehen**
Abszess
abwärtsgehen *(schlechter werden, nach unten fahren – Betonung auf der ersten Silbe)* / **abwärts gehen** *(im Gegensatz zu fahren – Betonung auf der zweiten Silbe)*
A-cappella-Chor
Accessoire
Acetat, Azetat
ach, mit Ach und Krach
acht/Acht *(Aufmerksamkeit)*
Acht geben/haben, achtgeben/-haben *(aber nur* allergrößte Acht geben, sehr Acht geben); sich in Acht nehmen; außer Acht lassen; außer aller Acht lassen
acht/Acht/8
achtfach, ...jährig, ...mal *(bei besonderer Betonung auch* acht Mal), ...prozentig, ...seitig; 8-jährig, ...-mal *(bei besonderer Betonung: 8 Mal),* ...-prozentig; Achttonner, Achtzylinder, der/die Achtjährige, das Achtfache; 8-Tonner, 8-Zylinder
achte/Achte
der/die/das Achte; Heinrich der Achte; das achte Weltwunder
achtel
das/ein achtel Kilogramm, das/ein Achtelkilogramm
achtzig/Achtzig
Mitte [der] achtzig; in die achtzig

[kommen]; mit achtzig [Jahren]; [ein Mensch] über achtzig; die Zahl Achtzig, die Achtzig
Achtziger
Achtzigerjahre, achtziger Jahre, 80er-Jahre, 80er Jahre
ackerbautreibend, Ackerbau treibend
ade/Ade
jemandem Ade/ade sagen
adieu/Adieu
jemandem Adieu/adieu sagen
Adresse
A-Dur, *aber* **a-Moll**
Aerodynamik
Aerobic
afroamerikanisch *(Afrika und Amerika betreffend)*
Afrolook
Aftershave
Aftershavelotion, *auch* **After-Shave-Lotion**
AGB
Abk. f. Allgemeine Geschäftsbedingungen, *Pl.* AGB *(nicht* AGBs)
aggressiv
ähnlich
und Ähnliches *(Abk.:* u. Ä.), etwas Ähnliches; *(äußerlich)* ähnlich sehen, [jemandem] ähnlichsehen (typisch für ihn)
Airbag, Airconditioner
Ajatollah
akquirieren, Akquise, Akquisition
Alb *(Elfe);* **Alp** *(Bergwiese)*
Albtraum, Alptraum
alldieweil
alleinerziehend/allein erziehend
der/die Alleinerziehende
alleingültig/allein gültig
alleinstehend/allein stehend
der/die Alleinstehende
allerbeste/Allerbeste
der/die/das Allerbeste, am allerbesten
allerletzte/Allerletzte
der/die/das Allerletzte
alles/Alles
mein Ein und [mein] Alles
allgemein
im Allgemeinen; allgemein bildend /

allgemeinbildend; allgemein verständlich / allgemeinverständlich
Alptraum/Albtraum
Alma mater/Mater
als Einziges *(nur das)*
als Erstes *(zuerst)*
als Letztes *(zuletzt)*
als Nächstes *(darauf)*
alt/Alt
[ganz] der/die/das Alte; es beim Alten [bleiben] lassen; Alt und Jung; Alte und Junge; am Alten hängen
alters
am Ersten *(zuerst)*
Amboss
am Letzten *(zuletzt)*
amen
das Amen: Ja und Amen sagen; ja und amen sagen
a-Moll, *aber* **A-Dur**
Amüsement
Anbetracht
in Anbetracht
Anchovis, Anschovis
andere
der/die/das andere, alles andere, etwas anderes, die einen und die anderen; *substantivisch auch* der/die/das Andere, alles Andere, etwas anderes, die Einen und die Anderen
and[e]renfalls, andernfalls
and[e]renorts, anderorts
and[e]rerseits, anderseits
anders
anders denkend, Andersdenkende
aneinander
aneinander denken, vorbeigehen
aneinander
aneinanderfügen/...grenzen/...geraten
Angloamerikaner
angst/Angst
angst und bange sein; Angst haben; jemandem Angst [und Bange] machen
anhand
(von, dessen/deren)
anheimfallen, ...stellen
Anlass
Anschluss
Anschovis, Anchovis

anstandshalber
anstatt
an [Eides] statt; *aber* anstatt
anstelle, an Stelle
Apartheid *(Rassentrennung)*
Apartheit *(zu* apart)
Apartment *(kleine Wohnung), aber*
Appartement *(Zimmerflucht im Hotel)*
Aphthe
Apparatschik
Appartement *(Zimmerflucht im Hotel), aber* **Apartment** *(kleine Wohnung)*
apropos
Äquilibrist
arabisch/Arabisch
vgl. deutsch/Deutsch
Arithmetik
arg/Arg
im argen liegen, im Argen liegen
arm
Arm und Reich *(jedermann)*
Armvoll
Arm voll; zwei Armvoll; Arm voll Zeug
Aronsstab, Aronstab
Artdirector *(nach offizieller Rechtschreibregelung, im aktuellen Schriftgebrauch aber oft sinnvoller:* **Art Director**)
artifiziell
Arzt-Patient-Verhältnis
Ass
Asymmetrie
atemberaubend
Äthan, Ethan
Äthyl, Ethyl
Attrappe
Aubergine
aufeinander achten, hören
aufeinanderfolgen, ...stapeln, ...treffen
aufgrund, auf Grund
aufrechterhalten
aufs (= auf das)
aufs beste/Beste, aufs genaueste/Genaueste; aufs schlimmste/Schlimmste [zugerichtet werden], *aber nur:* auf das/aufs Schlimmste

26

gefasst sein); aufs schrecklichste/
Schrecklichste [zugerichtet werden];
aber nur: auf das/aufs Schrecklichste
gefasst sein
auf dem Laufenden [sein]
auf dem Trock[e]nen sitzen/sein *(in
finanzieller Verlegenheit sein; festsit-
zen)*
aufsehen/Aufsehen
aufsehenerregend, Aufsehen erregend
aufs neue, aufs Neue
auf seiten, auf Seiten
Aufsicht
Aufsicht führen; Aufsicht führend,
aufsichtführend
aufwändig/aufwendig
aufwärts
aufwärtsgehen *(besser werden)*, aufwärts gehen/steigen/streben
aufwendig/aufwändig
auf Wiedersehen
Au-pair-Mädchen
Au-pair-Stelle
auseinander
auseinanderbrechen, ...gehen, ...hal-
ten, ...setzen
ausschlaggebend
Ausschluss
Ausschuss
außen
außen stehende, Außenstehende; außen liegend, außenliegend; außen
gelegen, außengelegen
außer
außer Acht [lassen]
äußerst
auf das/aufs äußerste/Äußerste; auf
das/aufs Äußerste gehen, gefasst
sein; bis zum Äußersten
außerstand, außer Stand [setzen];
außer Stande/außerstande [sein]
auswärts...
auswärtsgehen/auswärtslaufen;
auswärts gehen/laufen *(mit auswärts
gerichteten Füßen gehen/laufen)*
auswendig
Auto fahren (*aber* das Autofahren)
authentifizieren (*rechtsgültig machen, die Echtheit bestätigen*)

authentisieren (*glaubwürdig machen, z. B. mittels Passwort*)
autorisieren

B

Back-up, Backup
bahnbrechend
Balletttänzer
Bandleader
Bändel, Bandel
bange/Bange
[angst und] bange sein; jemandem
[Angst und] Bange machen
bankrott
bankrottgehen; bankrott werden,
sein; ein bankrottes Geschäft; Bankrott machen
bar
in bar, gegen bar [bezahlen]
Barbecue
bass [erstaunt sein]
Bass, Bassstimme
Bataillon
Beatgeneration
becircen, bezirzen
Becquerel
bedeutend
das Bedeutende, nichts Bedeutendes,
um ein Bedeutendes [größer ...]
behände
Bei, Bey
(*aber:* die Bai)
bei...
beieinander, ...leibe, ...nahe, ...sam-
men, ...stehen, ...zeiten; beieinander
sein/bleiben/haben, *aber:* beieinan-
dersein *(geistig)*
Beifall
beifallspendend/...heischend, Beifall
spendend/heischend
bekannt
bekanntgeben/...machen/...werden,
bekannt geben/machen/werden; das
Bekanntmachen/...werden
belämmert
Belang
von Belang sein
Belieben
nach Belieben

beliebig
alles/jede[r] Beliebige; etwas Beliebiges
beredt
bereit
bereitmachen/...erklären, bereit machen/erklären; bereithalten/...stehen/ ...stellen
Berg
zu Berge stehen
bergab, ...**auf,** ...**abwärts,** ...**aufwärts**
aber: den Berg aufwärts
Berg-und-Tal-Bahn
besondere, besonders
das Besondere, im Besonderen, Besonderes
Besorgnis
Besorgnis erregend, besorgniserregend, äußerst besorgniserregend, [noch besorgniserregender]
besser
besser gehen, besser gehen/stellen; besser stellen; bessergestellt; besser Verdienende, Besserverdienende; der/die/das Bess[e]re; eine Wendung zum Bess[e]ren; eines Bess[e]ren belehren; sich eines Bess[e]ren besinnen
beste
am besten sein; das Beste sein; der/die/das [erste/nächste] Beste; auf das/aufs beste/Beste; sein Bestes tun; zum Besten geben/haben/halten/stehen
bestgehasst
bestehen bleiben/lassen
Betablocker, β-Blocker
Betastrahlen, β-Strahlen
Bete, Beete
Rote Bete/Beete
Betracht
in Betracht kommen, ziehen
beträchtlich
um ein Beträchtliches [größer ...]
Betreff, betreffs
des Betreffs
Bewandtnis
bewusst
bewusst machen/werden; bewusstmachen/...werden
bezirzen, becircen

Bezug
in/mit Bezug [auf]; Bezug nehmen
Bhagvan, Bhagwan
Bibliografie, Bibliographie
bibliografisch, bibliographisch
Big Band, Bigband
Big Business, *auch* **Bigbusiness**
bikonkav
Billard
Billiarde
billig
billig machen *(herstellen)*, billigmachen *(Preis heruntersetzen)*
Biografie, Biographie
biografisch, biographisch
bisherig
das Bisherige; Bisheriges, beim Bisherigen [bleiben], im Bisherigen
biss *(zu beißen)*
Biss
bisschen
ein bisschen, dieses kleine Bisschen
Black Box, Blackbox
Black-out, Blackout
blank
blank polieren, putzen; blankpolieren/...putzen; blank liegen, blankliegen [Nerven]
blass
blau
blaugestreift, blau gestreift; das Blau, das Blaue; ins Blaue; in Blau; blau in blau; der Blaue Planet, der Blaue Nil; sein blaues Wunder erleben; der blaue/Blaue Brief
blaugrau
bläulich [grün/schwarz ...]
bleiben
bleiben lassen, bleibenlassen *(unterlassen)*
blendend weiß
Blesshuhn, Blässhuhn
blond gelockt, blondgelockt
bloß
bloß legen *(nur)*, bloßlegen *(Mauern, Vergangenheit)*, bloßstellen; bloß liegen, bloßliegen *(Nerven)*
Blouson
Blow-up, Blowup
Bluejeans
blümerant

Blut
Blut bildend/saugend, blutbildend/
...saugend
Boatpeople
Bodybuilding, ...check, ...guard,
...suit
Bofist, Bovist
Bonboniere, Bonbonniere
Boogie-Woogie
Boolesche/boolesche Algebra
bordeauxfarben
Borretsch
bös, böse
im Bösen; jenseits von Gut und Böse
Boss
Bötchen
(zu Boot)
Bottleparty
Bouclé, Buklee
Bouquet, Bukett
brach
brach liegen; brach liegend, brach-
liegend
Braindrain
Braintrust
brandaktuell, ...neu
braun vgl. blau
Braus
in Saus und Braus
bravo/Bravo
Bravo/bravo rufen
Bravour, Bravur
Breakdance
brechen
auf Biegen und Brechen
breit
breit machen/schlagen/treten, breit-
machen/...schlagen (überreden)/...tre-
ten (zerreden); breit gefächert, breit-
gefächert; des Langen und Breiten
Brennnessel
brillant
Brust
brustschwimmen, ich schwimme
Brust
Büfett, Buffet (österr., schweiz.)
Buggy
Bukett, Bouquet
Buklee, Bouclé

bunt
bunt färben, bunt gestreift; buntfär-
ben, buntgestreift; ein bunter Hund
Business
Buße
Butike, Boutique
Buttel, Buddel
Buyout, Buy-out
bye-bye
Bypass, Bypassoperation

C

Café
das Café, aber der Kaffee
Caféteria
Callboy, Callgirl
Carbid, Karbid
cash (in bar)
Cashewnuss
Cashflow
Casino, Kasino
Cäsium, Caesium, Zäsium
catchen
Cayennepfeffer
Centrecourt, auch Centre-Court
Cha-Cha-Cha
Chansonette, Chansonnette
Chansonier, Chansonnier
Charge
charmant, scharmant
Charme, Scharm
Charta
Chateau, Château
Chaussee
Cheerleader
Cheeseburger
Chemotherapie
Chewinggum
Chic (nur unflektiert), **schick**
Chicorée, auch Schikoree
Chiffon
Chimäre, Schimäre
chinesisch, Chinesisch (vgl. deutsch,
Deutsch)
Choreograf, auch Choreograph
Choreografie, auch Choreographie
Chose, Schose
Chow-Chow
Clan, Klan
Clearingverkehr

Cleverness
Club, Klub
Come-back, *auch* Comeback
Clip, Klipp, Klips, Videoclip
Codex, *Pl.* Codices, Kodex, *Pl.* Kodizes
codieren, kodieren
Coffeeshop
Coffein, Koffein
Coitus, Koitus
Collier, Kollier
Come-back, Comeback
Comic, Comicstrip
Coming-out, Comingout
Common Sense, Commonsense
Compact Disc, Compact Disk
Consommé, Konsommee
Cooljazz, *auch* Cool Jazz
Cornedbeef, Corned Beef
Cornedbeefbüchse, Cornedbeef-
Büchse, Corned-Beef-Büchse
Cornflakes
Corps, Korps
Cortison, Kortison
Count-down, *auch* Countdown
Countrymusic
Coupé, Kupee
Coupon, Kupon
Cousin
Cousine, Kusine
Crawl, Kraul
crawlen *(auf besondere Art schwim-men)*, kraulen
Credo, Kredo
Creme, Krem, Kreme
aber Cream
Crêpe, Krepp *(Gewebe, Eierkuchen)*
Crevette, Krevette
Croupier
Crux, Krux
Csardas/Csárdás

D

da sein, *aber* das Dasein
dabei
sein *(aber das Dabeisein)*; sitzen *(bei einer Tätigkeit)*, dabeisitzen
dableiben
Daddy
Pl. Daddys

dafür
halten, dafürhalten *(meinen)*, dafür sein
dagegen
dagegen sein, dagegenhalten
daheim
daheimbleiben, ...sitzen; *aber* daheim sein/ausruhen
daher
daher kommen *(aus einer Richtung)*; daherkommen
dahin
dahin gehen *(in eine Richtung)*; dahingehen *(verenden)*
dahinter
dahinter kommen *(hinter einer Sache)*; dahinterkommen, ...klemmen, ...knien
Damhirsch
daneben
daneben stehen *(neben dem bezeichneten Ort)*; danebenstehen, ...benehmen, ...gehen, ...greifen, ...schießen
dänisch/Dänisch
vgl. deutsch/Deutsch
danksagen, Dank sagen
d[a]ran
d[a]rangehen, ...setzen; *aber* d[a]ran glauben
d[a]rauf
d[a]rauf eingehen, folgen; d[a]raufen-
legen, ...hauen, ...setzen; darauf folgend, darauffolgend
d[a]raus
d[a]raus trinken; *aber* drausbringen
d[a]rein
d[a]rein schicken; *aber* d[a]reinsetzen
d[a]rin
d[a]rin wohnen; darinsitzen, ...stecken
Darlehen, Darlehn
da[r]niederliegen
d[a]rüber
d[a]rüber reden, schreiben; d[a]rüberfahren, ...machen, ...schreiben
d[a]rum
d[a]rum bitten; d[a]rumbinden
d[a]runter
d[a]runter leiden; d[a]runterstellen

das/dass
das Ding; es gibt einen Grund, dass man dass hier mit zwei s schreibt
Datscha, Datsche
davon
davon kommen; davonkommen
davor
davor hängen, liegen, schieben; davorstellen
dazu
dazu schweigen; dazugehören
dazwischen
dazwischen essen; dazwischenrufen; dazwischenkommen
dechiffrieren
Deadline
de facto
De-facto-Anerkennung
dein
in Briefen auch Dein; Mein und Dein; die Deinen/deinen; die Deinigen/deinigen; das Deine/deine; das Deinige/deinige
deines
deinesgleichen, ...teils
deinethalben, ...wegen, ...willen
Dekolleté, Dekolletee
delegieren
Delfin, Delphin
Delphin schwimmen, delphinschwimmen, delfinschwimmen
delphisch
demgegenüber
Deoroller
Deodorant, Desodorant
Departement
Dependance (Zweigstelle), aber Dependenz (Abhängigkeit)
deplatziert
derart
Derartiges
dereinst
dergleichen
derjenige
derselbe
desaktivieren
Desaster
desaströs
Desinteresse
Desktoppublishing, Desktop-Publishing

Desodorant, Deodorant
desperat
dessen
dessen ungeachtet; dessentwegen
Dessin
Dessous
destillieren
detailliert
deutsch/Deutsch
deutsch sprechen (in deutscher Sprache sprechen); deutsch unterrichten (in deutscher Sprache unterrichten); deutsch sprechen (die deutsche Sprache sprechen); Deutsch unterrichten (die deutsche Sprache unterrichten); das Deutsch; in Deutsch, auf [gut] Deutsch, der Deutsche Schäferhund
dezidiert
dichromatisch
diametral
Diapositiv
Diarrhö
Diät/diät
Diät/diät leben/kochen ...
dich/Dich vgl. du/Du usw.
dicht
dicht schließen; dicht behaart, bewaldet; dichthalten (nichts verraten), dichtbehaart; dicht machen (verschließen), dichtmachen (nichts durchlassen)
dick
durch dick und dünn; dick machen, dickmachen
Dienstag
am Dienstag, eines Dienstags
Dienstagabend
am Dienstagabend, an diesem/an jedem Dienstagabend, diesen/jeden Dienstagabend, eines Dienstagabends
dienstagabends
dienstags
dienstags abends
dieselbe
diesmal
aber dies eine Mal
diesseits
das Diesseits; im Diesseits
Differential, Differenzial

31

differentiell, differenziell
Diktafon, Diktaphon
Dilettant
Diner *(Festmahl)*, aber Dinner *(Hauptmahlzeit)*
Diningroom
Dioptrie
Dioxid, Dioxyd
Diözese
Dip *(zum Eintunken)*
Diphterie
Diphtong
Discjockey, Diskjockey
Disco, Disko
dir/Dir *vgl.* du/Du *usw.*
disparat
Dispatcher
Do-it-yourself-Bewegung
doktern
Dönerkebab, Dönerkebap
Donnerstag, Donnerstagabend, donnerstagabends, donnerstags
vgl. Dienstag, Dienstagabend, dienstagabends, dienstags
doppelt
doppelt so viel; doppelt wirkend; doppeltwirkend
dort
dort wohnen; dortbleiben; dorther; dortzulande, dort zu Lande *(nicht Luft)*
doubeln
Doublé, Dublee
Douglasie
Dragee, Dragée
Drainage, Dränage
dran
drum und dran
Drapé, Drapee
dräuen
drauf
vgl. d[a]rauf, drauf und dran
drauflosgehen, ...reden
drausbringen
aber daraus trinken
drei *vgl.* acht
drei viertel acht; drei Viertel des Umsatzes; eine Dreiviertelstunde
dreifach *vgl.* achtfach
drein *vgl.* d[a]rein

dreißig *vgl.* achtzig *usw.*
Dreiviertelliterflasche
Dreiviertelstunde
Dreizimmerwohnung, 3-Zimmer-Wohnung
Dress
Dribbeln *(beim Fußball)*, aber trippeln
drin... *vgl.* d[a]rin...
dritte/Dritte
der/die/das Dritte; jeder Dritte; die Dritte Welt
Drittteil *(aber:* Drittel*)*
drittletzte *vgl.* letzte
Drop-out, Dropout
drüber *vgl.* d[a]rüber, drunter und drüber
drum *vgl.* d[a]rum
drunter *vgl.* d[a]runter, drunter und drüber
du/Du
dein, deiner, dir, dich; *in Briefen auch* Du, Dein, Deiner, Dir, Dich; das Du anbieten; auf Du und Du
Dublee, Doublé
Dufflecoat
Dumdumgeschoss, *österr. auch* Dumdumgeschoß
Dummerian, Dummerjan, Dummian, Dummrian
Dummys
(Plural von Dummy*)*
dunkel
dunkel färben; dunkelfärben; das Dunkel; im Dunkeln tappen; dunkelblau
dünn
dünn besiedelt; dünnbesiedelt; durch dick und dünn
Duodezfürst
Dur
A-Dur *usw., aber* a-Moll
durcheinander
durcheinanderbringen, ...reden
durchnummerieren
durchweg, durchwegs
durstlöschend
Duty-free-Shop
Dutzende/dutzende
Dysfunktion
Dystrophie

E

E-
E-Banking, E-Business, E-Learning,
E-Mail
ebenda
ebenso
ebenso gut/sehr/lange/oft
echauffieren
echt
echt golden, echtgolden
Eclair
Economyclass, Economy-Class,
Economyklasse
Effeff
aus dem Effeff
Effet
eh
ehe, eher, ehest; am ehesten
ehebrechen
aber die Ehe brechen
eidesstattlich
an Eides statt
eigen/Eigen
jemandem eigen sein; zu eigen ge-
ben/machen; das Eigene, etwas Eige-
nes; das Eigen, mein Eigen; etwas
sein Eigen nennen
ein
wenn einer eine Reise tut, so etwas
ärgert einen; mein Ein und Alles; die
einen und die anderen, die Einen
und die Anderen
einbläuen
einesteils
Ein-Euro-Job, *auch* **Eineurojob,**
1-Euro-Job
einfachste/Einfachste
es ist das Einfachste, was/wenn ...;
auf das/aufs einfachste/Einfachste
einhergehen
einiggehen
einmal
eins *vgl.* acht
einwärts
einwärtsbiegen, ...gehen
einzelne/Einzelne
der/die/das Einzelne; als Einzelne[r];
jede[r] Einzelne; [bis] ins Einzelne;
im Einzelnen

einzeln
einzelnstehend *(nicht verheiratet)*;
einzeln stehend
einzig
der/die/das Einzige; als Einziges
Eiscreme, Eiskrem, Eiskreme
Eisen
eisenverarbeitend; Eisen verarbeitend
eiskalt
Eiskrem, Eiskreme, Eiscreme
eislaufen
Ekel erregend, ekelerregend
Eklat
Ekstase
Electronic Banking
Elefant
Elektroherd
elektromagnetisch
elend/Elend
mir ist elend; im Elend sein
elf
vgl. acht; *aber* die Elf
elysäisch, elysisch
E-Mail
E-Mail-Adresse; e-mailen, emailen,
geemailt
Email, Emaille
emailliert
Emission
Empathie, empatisch
emphatisch *(mit Nachdruck)*
emporragen
Ende
Ende nächsten Jahres; eine Frau
Ende siebzig
endgültig
eng
eng befreundet/bedruckt/verwandt;
auch engbefreundet, engbedruckt;
auf das/aufs engste/Engste verbunden
englisch/Englisch
vgl. deutsch/Deutsch
entfernt
nicht im Entferntesten
entgegen
entgegenkommen, ...laufen
Entgelt
entlanggehen
entlässt *(zu* entlassen)

entschloss
(*zu* entschließen)
Entschluss (*zu* entschließen)
entweder ... oder
das Entweder-oder
entzweibrechen, ...gehen
Epidemie
Equipe
er
ein Er
Erfolg
Erfolg versprechend, erfolgverspre-
chend
erklecklich
um ein Erkleckliches
ernst
ernst gemeint, ernstgemeint; Ernst
machen; es ist mir Ernst damit; aus
Spiel wird Ernst
ernstzunehmend, *auch* **ernst zu**
nehmend
erstbeste
erste/Erste
der/die/das Erste; der/die/das erste
Beste; fürs Erste; als Erstes; am Ersten [des Monats]; die Ersten werden
die Letzten sein; der Erste Mai; die
erste/Erste Hilfe; die erste Geige spielen; der Erste Weltkrieg
Erste-Hilfe-Lehrgang
erstere
der/die/das Erstere; Ersteres
Erstklässler
essbar
essen
isst, aß, gegessen
essentiell, essenziell
Etablissement
Ethan, Äthan
Ether, Äther
Ethnografie, Ethnographie
Ethyl, Äthyl
Etikett, Etikette (*Waren-, Preisschild*);
Etikette (*feine Sitte*)
etwas
ein gewisses Etwas
euch *vgl.* ihr *usw.*
euer
in Briefen auch Euer; die euren/Eu-
ren, die eurigen/Eurigen: das eure/
Eure, das eurige/Eurige

euert...
euerthalben, ...wegen; ...willen
Euphemismus
Euphorie
euresgleichen
euret...
eurethalben, ...wegen; ...willen
Eurythmie, Eurhythmie
Euthanasie
Exhaustor
exhumieren
Existentialismus, Existenzialismus
existentiell, existenziell
Exkaiser
Exlibris
Exposé, Exposee
express
extra
extrafein, ...hart
extravertiert, extrovertiert
Exzess
Eyeliner

F

Facette, Fassette
...fach
4-fach, *auch* 4fach; das 4-Fache,
auch 4fache
fachsimpeln
Fact
aber Faktum, Fakt
Factory-Outlet, Factoryoutlet
Fading
Fagott
fahren
fahrenlassen (*loslassen, aufgeben*);
fahren lassen, lernen; Auto/Rad fahren; spazieren fahren; das Spazieren-
fahren
Fährte
Faible
Fairness
Fair Play, Fairplay
fallen
fallenlassen (*aufgeben*), fallen lassen
Fall-out, Fallout
Fallreep
falsch/Falsch
falsch schreiben, spielen ...; falschlie-
gen (*sich falsch verhalten*); falschspie-

len; ohne Falsch; kein Falsch an je-
mandem; Falsch und Richtig unterscheiden
Fantasie, Phantasie *(Musikstück:*
mit F)
Farad *(Maßeinheit)*
Färse *(junge Kuh)*, *aber* **Ferse**
Fasnacht, Fastnacht
Fass
Fassette, Facette
Fasson
Fast Food, Fastfood
faul, *aber* **foul** [spielen]
faulen *(verderben)*, *aber* **foulen**
Fauteuil
Fauxpas
Feed-back, Feedback
Fehl/fehl
ohne Fehl und Tadel; fehlgehen,
...schlagen
feilbieten
fein
fein machen, mahlen, gemahlen;
feinmachen, ...mahlen, ...gemahlen
feind/Feind
jemandem feind bleiben/sein/wer-
den; jemandes Feind bleiben/sein/
werden
Fengshui, Feng-Shui
fern
fernbleiben, ...halten, ...liegen, ...se-
hen; das Fernbleiben
fertig
fertig bekommen *(erhalten)*; fertigbe-
kommen, ...stellen *(vollenden)*, fer-
tigbringen *(vollbringen)*, ...machen
[jemanden]
Fes, Fez
fest
fest anbinden, anstellen, verbinden;
festangestellt, ...gefügt, ...umrissen,
...verwurzelt; fest angestellt, gefügt,
umrissen, verwurzelt; festkleben,
...halten, ...nageln, ...nehmen,
...schrauben, ...treten, ...fahren; ein
fest Angestellter, ein Festangestellter; ein fest angestellter Mitarbeiter,
ein festangestellter Mitarbeiter
fett
fettgedruckt; fett gedruckt
Fetus, Fötus

feuer/Feuer
feuerfest; feuerspeiend, Feuer spei-
end
fifty-fifty
Financier, Finanzier
Finger
Fingerbreit, Finger breit; keinen Fingerbreit, Finger breit nachgeben
finnisch/Finnisch
vgl. deutsch/Deutsch
finster
das Finstere; im Finstern tappen
Fisimatenten
Fitness
flach
flachklopfen, flach klopfen; flach
atmen
Flageolett
flämisch/Flämisch
vgl. deutsch/Deutsch
Fleisch
Fleisch fressen; Fleisch fressend, verarbeitend; fleischfressend, ...verar-
beitend
fleißig
das Fleißige Lieschen
Fliese
fließen, floss
Flipchart, Flip-Chart
floaten
Floppy Disc, Floppy Disk
Floß
flöten
flöten gehen
flott
flottmachen; *aber* flott gehen, machen
Fluorid *(ein Salz)*, **Fluorit** *(ein Mine-*
ral)
Fluss/fluss
Flusssand; flussab[wärts], fluss-
auf[wärts]; *aber* den Fluss aufwärts
fahren; Flussschifffahrt, Fluss-Schiff-
fahrt
flüssig
flüssig lesen, machen, schreiben;
flüssigmachen *(verflüssigen, [Geld]*
verfügbar machen);
Fly-over, Flyover
Föhn *(Fallwind, Haartrockner)*, *aber*
Fön® *(als Warenzeichen)*

35

Fokus
folgend
das Folgende *(dieses)*, Folgendes, im
Folgenden *(weiter unten)*, in Folgendem *(weiter unten)*; durch Folgendes
(dieses); mit Folgendem *(diesem)*; der
Folgende *(der Reihe nach)*; von Folgendem *(diesem)*; alle Folgenden *(anderen)*
folgendermaßen
Fon, Phon
Fön® *(als Warenzeichen)*, aber **Föhn**
(Fallwind, Haartrockner)
fort
fortbleiben, ...dauern, ...gehen
Foto/foto
Fotoalbum, Fotofinish, Fotografik,
Fotokopie, Fotomontage, Fotothek;
fotoelektrisch
fotogen, photogen
Fotografie, Photographie
fotografieren
Fotometrie, Photometrie
foul, foulen
foul *(regelwidrig)*, aber faul; foulen
(sich regelwidrig verhalten), aber faulen *(verderben)*
Frage
infrage/in Frage [kommen/stellen...]
Frage-und-Antwort-Spiel
frankokanadisch, Frankokanadier
Franse
französisch/Französisch
vgl. deutsch/Deutsch
Frappé, Frappee
Freejazz, Free Jazz
frei
frei bekommen, haben, legen, nehmen, sprechen, stehen; freibekom-
men *(z. B. Geiseln)*, freilegen *(Wur-
zeln)*, freimachen *(Weg, Postkarte)*,
freihaben, freinehmen, freisprechen
(Gericht, nach Ausbildung), freistehen
(Entscheidung); freihalten *(für jemanden bezahlen)*; den Rücken frei hal-
ten/freihalten
**Freitag, Freitagabend, freitag-
abends, freitags**
vgl. Dienstag, Dienstagabend, dienstagabends, dienstags
Freud
freudsche/Freud'sche Fehlleistung

Freude
Freude bringend, freudebringend;
freudestrahlend
freund/Freund
jemandem freund bleiben/sein/wer-
den; jemandes Freund bleiben/sein/
werden
Frigidär, Frigidaire *(als Warenzeichen nur so)*
frisch
frisch backen, halten; frisch gebacken; frischgebacken *(Brot, Ehepaar)*
Friseur, Frisör
frisst *(zu fressen)*
frittieren
Frittüre
frohlocken
Frondienst
frönen
Frotté, Frottee
Fructose, Fruktose
früh
früh verstorben; frühverstorben; am
Dienstag früh; von früher her; von
früh bis spät; frühreif
frühneuhochdeutsch
Fruktose, Fructose
Fugen-s
Fulltimejob, Fulltime-Job
Functional Food
fünf/fünftel/fünfzig
vgl. acht/achtel/achtzig
Funken/funken
funkensprühend, Funken sprühend
Funsel, Funzel
für
das Für und Wider
fürbass
furcht/Furcht
Furcht einflößen; Furcht einflößend/
erregend; furchteinflößend, ...erre-
gend
fürliebnehmen
fürs Erste
Fuß
zu Fuß gehen, Fuß fassen; fußfassen
(sich fangen); zu Füßen liegen
fußbreit/Fußbreit/Fuß breit
keinen Fußbreit, fußbreit zurückwei-
chen; Fuß breit

Fuzel, Fussel
Fuzzylogik, Fuzzylogic, Fuzzy Logic

G

Gabardine
gäbe
  gang und gäbe
gähnen
Galeere
Galeone, Galione, Galionsfigur
Galerie
Galopp, galoppieren
Gammastrahlen, γ-Strahlen
Gämse
gang, Gang
  gang und gäbe; in Gang setzen; im
  Gange sein
ganz
  ganz und gar; das Ganze; aufs Ganze
  gehen; ums Ganze gehen; als Ganzes; im Ganzen; im großen Ganzen;
  im Großen und Ganzen
ganzleinen
gar
  gar kein, nicht, nichts, niemand; gar
  kochen; garkochen
Gar
gären
Gässchen
Gaube, Gaupe
Gaucho
gautschen
Gavotte
Gebaren
Gebiss
Gefahr
  Gefahr bringen, laufen; gefahrbrin-
  gend, *aber* große Gefahr bringend
gefangen
  gefangen halten, nehmen; gefangen-
  genommen
Gefäß
Gefreite
gegeben
  es ist das Gegebene [etwas zu tun]
gegenlesen
gegeneinander
  gegeneinander antreten, kämpfen;
  gegeneinanderdrücken, ...prallen

gegenüber
  gegenüber aufstellen; gegenüber-
  stellen
geheim
  geheim bleiben, halten; geheim-
  sprachlich, geheimtun *(geheimnisvoll
  tun)*; im Geheimen
Geheiß
gehen
  gehenlassen *(sich)*; gehen lassen
  (jemanden)
Geisel *(eine Geisel nehmen)*; Geißel
Geiser, Geysir
Geisha
Gelass
Gelatine
gelb
  vgl. blau; Gelbe Karte; der Gelbe
  Fluss; das gelbe Fieber
gelbgrün
Gelee
gemäß
gemeinsprachlich, ...verständlich
genau
  genau genommen, genaugenom-
  men *(eigentlich)*; genau unterrichtet,
  genauunterrichtet; des Genaueren;
  auf das/aufs genaueste/Genaueste
genauso, genauso gut/viel
Genealogie
generalüberholen
genese, genas
genial
Genre
gentlemanlike
genoss *(zu* genießen)
Genuss
Geografie, Geographie
geophysikalisch
gerade
  g[e]rade *(aufrecht)* halten, sitzen,
  stehen; gerade biegen, richten, stellen; geradebiegen, ...richten ...stel-
  len; geradebiegen *(in Ordnung bringen)*; geradewegs, geradezu
Geratewohl
gering
  gering achten, schätzen ; geringach-
  ten, ...schätzen; [nicht] das Geringste
  [bemerken]; nicht im Geringsten;

kein Geringerer [als]; um ein Geringes

gern[e]
gerne sehen; gern gesehen; gerngesehen; gernhaben

gesamt
das Gesamte, im Gesamten

Gesäß

geschenkt
geschenkt bekommen

Geschirr, Geschirrreiniger

Geschmeiß

Geschoss, *österr., schweiz. auch* **Geschoß**

geschrien (*zu* schreien)

gespien (*zu* speien)

gesund
gesund bleiben, machen, pflegen, sein; gesundmachen, ...pflegen; gesundbeten, ...schreiben, ...schrumpfen, ...stoßen

getrennt
getrennt lebend, getrenntlebend; getrennt geschrieben, getrenntgeschrieben

Getto, Ghetto

gewahr
gewahr werden

Gewähr/gewähr
Gewähr leisten (*jemand leistet Gewähr*); gewährleisten

Gewehr

Gewinn
[großen] Gewinn bringend, [äußerst] gewinnbringend; gewinnbringender

gewiss

gewusst
gewusst wie; das Gewusst-wie

Geysir, Geiser

Ghetto, Getto

Ghostwriter

gießen, goss

Gigameter

Ginkgo, Ginko

Giro

Gitarre

Glace (*Zuckerglasur, Eis*); *aber* **Glacé, Glacee** (*Gewebe*)

glacieren (*mit Zuckerglasur, zum Gefrieren bringen*), *aber* **glasieren**

Glamour

glasieren (*mit Glasur*), **glacieren** (*mit Zuckerglasur, zum Gefrieren bringen*)

glatt
glatt ablaufen, hobeln, schleifen; glatthobeln, ...kämmen, schleifen; glattgehen (*gelingen*), ...machen (*beim Bezahlen*); glattzüngig

glazial

gleich
gleich groß, gut; gleich lauten, kommen, machen; gleichkommen (*typisch sein, entsprechen*), ...machen, ...setzen, ...tun, ...ziehen; gleich lautend, gleichlautend; gleich denkend, gleichdenkend (*von gleicher Gesinnung*); gleichgültig; der/die/das Gleiche; Gleiches mit Gleichem vergelten; ins Gleiche bringen (*in Ordnung bringen*); Gleich und Gleich

gleichermaßen

Glencheck

Glissando

Glück
Glück bringend, verheißend; glückbringend, ...verheißend

Glucose, Glukose

glühend
ein glühend heißes Eisen; ein glühendheißes Eisen

Glycerin, Glyzerin

Glysantin®

Goal

Goali, Goalie

Go-go-Girl

Goi, *Pl.* **Gojim**

Go-in

Golatsche, Kolatsche

golden (*vgl.* blau)
das Goldene Kalb; die Goldene Stadt (*Prag*); die goldene Hochzeit; das goldene/Goldene Zeitalter; der goldene/Goldene Schnitt; der Goldene Sonntag

Golden Goal

Goliath

Gondoliere

Goodwill, Goodwillreise, Goodwilltour

Gör, Göre

Gorgonzola

Gospelsong

goss (*zu* gießen)
Gourmand
Gourmet
goutieren
Gouverneur
Grab
zu Grabe tragen
Graecum
Graffito, *Pl.* Graffiti
Grafik, Graphik
grafisch, graphisch
Grafit, Graphit
Grafologe, Graphologe
Grammofon, Grammophon
Grand ouvert
Grand Prix
Grandseigneur
Grandslam, *auch* Grand Slam
Graphie, Grafie
Graphik, Grafik
graphisch, grafisch
Graphit, Grafit
Graphologe, Grafologe
grässlich
grau
vgl. blau; die Grauen Panther; eine
graue Maus; eine graue/Graue Emi-
nenz; der graue Star
graublau
Gräuel
Grauen
Grauen erregen; Grauen erregend,
grauenerregend; *aber nur* großes
Grauen erregen, äußerst grauener-
regend, noch grauenerregender
gräulich *(zu* Grauen *oder zu* grau*)*,
  graulich *(zu* grau*)*
Graupel
Greenhorn
grell
grell beleuchten; grell beleuchtet,
grellbeleuchtet
griechisch/Griechisch
vgl. deutsch/Deutsch
Griesgram
Grieß
Grislibär, Grizzlybär
grob
grob mahlen, grobmahlen; das
Grobe; aus dem Groben [arbeiten];
auf das/aufs gröbste/Gröbste; aus

dem Gröbsten heraus sein; am
gröbsten
groggy
groß
groß angelegt (großzügig); ein groß-
angelegter Plan (umfassend); groß
schreiben (in großer Schrift), geschrieben; großschreiben (besonders
schätzen), großgeschrieben; großzie-
hen; großartig, ...spurig; das Große,
im Großen [und im Kleinen]; um ein
Großes [verteuert]; im großen Ganzen; im Großen und Ganzen; Groß
und Klein; die Große Strafkammer;
das große Einmaleins; der Große
Teich (Atlantik); die große/Große
Kreisstadt; das Größte wäre, wenn
Grossist
Grummet, Grumt
grün
vgl. blau; die Grüne Insel (Irland);
Grüner Veltliner; ein grüner Junge;
die grüne Hochzeit
grünblau
Grund
im Grunde; auf Grund, aufgrund; zu
Grunde, zugrunde [gehen/richten]
grundfalsch
Grus (Gestein), *aber* Gruß
gucken, kucken
Guerilla
Gugge
Gully
Gunst
zu Gunsten, zugunsten (*aber* zu
seinen Gunsten)
Guss
Gusseisen; gusseisern
gut
gut gehen, meinen, schreiben; gut-
schreiben (Geldbetrag), guthaben,
...heißen, ...machen; gut bezahlt, gut-
bezahlt; gut gelaunt, gutgelaunt; gut
unterrichtet, gutunterrichtet; gut-
mütig, gutgesinnt; das Gute, alles
Gute, des Guten zu viel; im Guten
[wie im Bösen]; zum Guten [lenken];
jenseits von Gut und Böse; jemandem Guten/guten Tag sagen
Gyros

H

H₂O-gesättigt
Haar
  Haarbreit, Haar breit; nicht um ein
  Haarbreit, Haar breit
Habilitand
Hachse, Haxe
Hackepeter
haften
  haften bleiben; haftenbleiben *(im Ge-*
  dächtnis)
Hahnrei
Hairstylist
halb
  halb angezogen, halbangezogen;
  halb automatisch, halbautomatisch;
  halb fertig, leer, links, rechts, tot;
  halbfertig, ...leer, ...links, ...rechts,
  ...tot; halb amtlich, halbamtlich; halb
  blind, halbblind; halb roh, halbroh;
  halblang, halblinks, halbrund, halb-
  trocken; halbwegs; im Halbdunkel;
  [auf] halbmast [setzen]; etwas Hal-
  bes; eine[n] Halbe[n] trinken
Halogenlampe
halt/Halt
  [laut] Halt/halt rufen; ein lautes Halt
  rufen; Halt finden; Halt machen,
  haltmachen
Hammondorgel
Hämorrhoiden, Hämorriden
Hand
  zu Händen; zuhanden; anhand [von];
  Hand-in-Hand; handbreit; zwei
  Handbreit, *aber* Hand breit Tuch;
  handfest; zwei Handvoll, Hand voll
  Reis
Handel treibend; handeltreibend
handhaben
Handicap, Handikap
Hand-out, Handout
hängen
  hängen bleiben, lassen; hängenblei-
  ben *(im Gedächtnis)*; hängenlassen
  (im Stich lassen)
hänseln
hapern
Happening
Happy End, Happyend
Harass

Hardcover
  Hardcovereinband, Hardcover-Ein-
  band
Hardliner
Hardrock, Hard Rock
Hard Skills
Häresie
häretisch
Härlein *(zu* Haar)
hart
  hart arbeiten; hart kochen, hart-
  kochen; hart gekocht, hartgekocht;
  hartgesotten
Hasard
Haschee
Häscher
Hass
hasste, gehasst *(zu* hassen)
hässlich
Hattrick
hauchdünn
Hauer, Häuer *(zu* hauen)*, aber*
  Heuer *(Seemann)*
haus/Haus
  Haus halten (er hält Haus); haus-
  halten (er haushaltet); nach Hause,
  nachhause; [von] zu Hause [aus],
  [von] zuhause [aus]; das Zuhause
Hautevolee
Hautgout
Hawaii
Haxe, Hachse
Headhunter
Headline
Hearing
Hedgefonds, Hedge-Fonds
hehr
Heil
  Heil bringend, heilbringend
heilig
  heilighalten, ...sprechen; die Heili-
  gen Drei Könige; der Heilige Geist;
  das Heilige Grab, das Heilige Land;
  das heilige Abendmahl; der heilige/
  Heilige Krieg; der Heilige Vater
  (Papst); die Heilige Nacht, der Heilige
  Abend
heim
  heimbringen, ...fahren, ...gehen,
  ...leuchten, ...reisen, ...suchen,
  ...zahlen

40

heimlichtun *(geheimnisvoll tun)*
heiß
  heiß begehren, heiß machen;
  [jemandem die Hölle] heißmachen;
  sich die Köpfe heißreden; ein heißes
  Eisen; heißbegehrt, ...ersehnt; heiß
  begehrt, ersehnt
heißen
heliotropisch
Heliogravüre
hellblau, ...licht, ...wach
hell
  ein hellleuchtender Stern, ein hell
  leuchtender Stern; helllichter Tag
Helpdesk, Help-Desk
Hepatitis, *Pl.* **-tiden**
her
  hin und her; das Hin und Her
herkommen
herabfallen
heranfahren
heraufgehen
herausfinden
herbeieilen
Herbizid
hereinholen
herinnen
hermetisch
herniedergehen
heroben
Heroe, Heroine
Hertz *(Maßeinheit)*
herüberwinken
herumlaufen
herunterfallen
hervorbrechen
Herz
  zu Herzen nehmen; von Herzen;
  herzerfrischend, herzallerliebst
herzlich
  auf das/aufs herzlichste/Herzlichste
herzu
herzukommen
heterosexuell
Heterosphäre
heuer
Heuer (Lohn eines Seemanns), *aber*
  Häuer
heutzutage
hier
  hierbehalten; hierbleiben *(nicht weg-*

gehen), hierlassen *(wenn „hier" eine*
  eindeutige Ortsangabe ist); hier blei-
  ben, lassen, wohnen, sein
hieran
Hierarchie
Hieroglyphe
hierherkommen, hierher
  kommen
hierzu, hierzulande, hier zu Lande
hieven
Hi-Fi
High Fidelity
High Life, Highlife
Highlight
High Society
Hightech
Highway
Hijacker
Hilfe
  Hilfe suchen; Hilfe suchend/brin-
  gend; hilfesuchend, hilfebringend;
  mit Hilfe, mithilfe; zu Hilfe kommen
Hillbillymusic, Hillbillimusik
Himalaja, Himalaya
hin
  hin und her; das Hin und Her; hin-
  und hergehen; hinfallen
hinabgehen
hinangehen
hinaufziehen
hinausschieben
hindurchzwängen
hineinbringen
hintanstellen
hintenan
hintenüber, hintenüberfallen
hinterbringen
hinterdreinlaufen
hintereinander
  hintereinander gehen, hergehen,
  schreiben *(wenn „hintereinander" den*
  Vorgang nur näher bezeichnet); hintereinander schalten *(zeitlich nachei-*
  nander), hintereinanderschalten *(in*
  Reihe)
hinterfragen
hinterher
  hinterher sein; hinterherhinken,
  ...telefonieren; ...werfen
hinterlistig, ...rücks
hinübergehen

hinunterblicken
hinwegfegen
Hinz und Kunz
hinzukommen
hisst, hisste, gehisst (*zu* hissen)
hitzebeständig
Hitzefrei/hitzefrei
  kein Hitzefrei bekommen; Hitzefrei/
  hitzefrei haben
Hobby, *Pl.* Hobbys
hoch
  hoch achten, hochachten;
  hoch begabt, hochbegabt; hoch
  dotiert, hochdotiert; hoch industria-
  lisiert, hochindustrialisiert; hoch
  kompliziert, hochkompliziert; hoch
  verschuldet, hochverschuldet;
  [sich] hocharbeiten, hochbekom-
  men, hochfliegen, hochkochen,
  hochnehmen, hochreißen, hoch-
  stapeln, sich/etwas hochziehen,
  hochzüchten; hochaktuell, hochbei-
  nig, hochberühmt, hochbrisant,
  hochempfindlich, hochgeboren,
  hochgiftig; die Hohen und die Niederen; die Hohen und die Niedrigen;
  Hoch und Niedrig; das hohe C, die
  höhere Schule, die höhere Mathe-
  matik
höchst
  auf das/aufs höchste/Höchste
höchstwahrscheinlich
Hockey
Hoffart
hofhalten, Hof halten
  er hält hof, er hält Hof
hohe...
  der Hohepriester, der Hohe Priester;
  das Hohelied, das Hohe Lied
höhergruppieren, ...stufen
Hohn
  Hohn lachen (*ich lache Hohn*), sprechen; hohnlachen (*ich hohnlache*),
  ...sprechen
Hokuspokus
Holder, Holler, Holunder
Holdinggesellschaft
Holler, Holder, Holunder
Hollywoodschaukel
Holocaust
holokristallin

Hologramm
Holozän
Holunder, Holder, Holler
Homeland
Hometrainer
Homoerotik
homofon, homophon
Homöopathie
homosexuell
Honneurs
Hooligan
Horsd'œvre
hosanna, hosianna
  das Hosanna
Hostess
Hotdog, Hot Dog
Hotelier
Hotellerie
Hot Jazz
Hotpants, Hot Pants
Hotline
huckepack
hui
  der Hui, in einem Hui
Hula-Hoop, *auch* Hula-Hopp
hundert/Hundert
  hundert Menschen; mehrere hun-
  dert/Hundert Menschen; hunderte/
  Hunderte von armen Kindern;
  hundertfach, 100-fach, 100fach; das
  Hundertfache, 100-Fache, 100fache;
  um das/ein Hundertfache[s] größer
hundertprozentig, 100-prozentig,
  100%ig
Hunderter, Hunderterpack
Hundertmeterlauf, Hundert-Meter-
  Lauf, 100-Meter-Lauf, 100-m-Lauf
hundertste/Hundertste
  die hundertste Sendung; der/die/das
  Hundertste; vom Hundertsten ins
  Tausendste kommen
hundertstel
  eine Hundertstelsekunde, 100stel-
  Sekunde, eine hundertstel Sekunde
Hunger
  hungers sterben; vor Hunger sterben
hurra
  hurra/Hurra schreien
Huskys (*Plural von* Husky)
Hyäne
Hyazinthe

hybrid, Hybridantrieb
Hybris
Hydrat
hydrodynamisch
Hydrotherapie
Hydroxyd
hyperkritisch
Hypochonder
Hypotenuse

I

i. A. = im Auftrag
iahen
i. Allg. = im Allgemeinen
ib., ibd. = ebenda, am selben Ort
iberoamerikanisch
ich
  das Ich
Icherzähler, Ich-Erzähler
Ichform, ...gefühl, ...laut, ...sucht
Idyll, Idylle
ihnen/Ihnen *vgl.* sie/Sie
ihr/Ihr
  ihr, euer, euch; *in Briefen auch* Ihr,
  Euer, Euch; das Ihre/ihre, das Ihrige/
  ihrige, die Ihren/ihren; die Ihrigen/
  ihrigen
ihrer..., ihres..., ihret...
  ihrerseits; Ihrerseits *(höfl. Anrede)*
  ihresgleichen, ...teils; Ihresgleichen
  (höfl. Anrede)
  ihrethalben, ...wegen, ...willen;
  Ihrethalben, ...wegen, ...willen
  (höfl. Anrede)
im
  im Allgemeinen; im Argen liegen; im
  Besonderen, im Bisherigen; im Bösen, im Guten wie im Bösen; im Dunkeln tappen; im Einzelnen; [nicht] im
  Entferntesten; im Folgenden; im Geheimen; im Gesamten; im Großen
  und Ganzen; im Groben; im Großen
  [und im Kleinen]; im Guten [wie im
  Bösen]; im Klaren [sein]; im Kleinen;
  im Nachfolgenden; im Nachhinein;
  im Nebenstehenden; im oben Ste-
  henden/Obenstehenden; im Obigen;
  im Rohen [fertig] sein; im Speziellen;
  imstande/im Stande [sein]; im Stil-

len; [seine Schäfchen] im
Trock[e]nen haben; im Trock[e]nen
sein; im Trüben fischen; im Übrigen;
im Umstehenden; im Ungewissen
bleiben/lassen/sein; im Verborgenen;
im Voraus; im Vorausgehenden; im
Vorhergehenden; im Vorhinein
Imam
Imbiss
  Imbissstand, Imbiss-Stand
Immigrant
Immission
Impresario
Impression
Imprimatur
Impromptu
imstand[e]/im Stand[e] sein
in Acht nehmen
in bar [bezahlen]
in Bezug [auf]
Index, *Pl.* **Indexe, Indizes, Indices**
indoeuropäisch
Indogermane
ineinander
  ineinander übergehen, verlieben; in-
  einanderfließen, ...fügen, ...greifen
infolge
infolgedessen
in Folgendem
Informand *(der zu Informierende)*
Informant *(der Informierende)*
infrage/in Frage
  infrage/in Frage [kommen/stellen],
  das Infragestellen
Ingrediens, *Pl.* **Ingredienzien;**
Ingredienz, *Pl.* **Ingredienzen**
Inhärenz
Injektion, injizieren
innehaben, ...werden
innere
  das Innere, das Innerste, im Innern,
  im Innersten, die innere Medizin
innerorts
in puncto
Insignien
inskribieren
instand, in Stand
  instand/in Stand gesetzt, instand-
  gesetzt
inständig
instant

Instanz
Instinkt
Institution
instruieren
insuffizient
Insuffizienz
intakt [bleiben]
Intarsia, Intarsie
Intension *(Anspannung, Eifer)*
Intention *(Absicht)*
Intercity
interdisziplinär
Interna
international
   der Internationale Frauentag
interpungieren, interpunktieren
Interrailticket, Interrail-Ticket
Interregio
Interregnum
Intersexualität
Inthronisation
intramolekular
Introitus
irreal
Irregularität
irgend
   irgendeinmal, ...wann, ...wie, ...wo,
   ...wohin; irgendetwas, ...jemand,
   ...was, ...welcher, ...wer; irgend so
   ein, irgend so etwas
irr[e]
   irreführen, ...leiten, ...werden;
   irregeführt [werden]
Irrwisch
isst *(zu* essen), **iss, esst**
Istbestand, Ist-Bestand
Istwert
italienisch/Italienisch
   vgl. deutsch/Deutsch
Italowestern
i-Tüpfelchen

J

ja
   das Ja; ein Ja aussprechen; [mit] Ja
   stimmen; ja sagen, Ja sagen;
   ja/Ja [und amen/Amen] sagen
Jacht, Yacht
Jackett

Jackpot
Jähheit
jahrelang
   aber mehrere Jahre lang
...jährig
   8-jährig, eine 8-Jährige
Jak, Yak
Jalousie
Jamsession
japanisch/Japanisch
   vgl. deutsch/Deutsch
Jazz
jeder, jede, jedes
   ein jeder, eine jede, ein jedes
jederzeit
   aber zu jeder Zeit
jenseits
   das Jenseits, im Jenseits
Jerez, Sherry
Jersey
Jet, jetten
Jetliner
Jeton
Jetset
jetzt
   jetzt und hier; das Jetzt und Hier
jiddisch/Jiddisch
   vgl. deutsch/Deutsch
Jiu-Jitsu
Job, jobben
Jobsharing
Jockei, Jockey
Joga, Yoga
Joghurt, Jogurt
Joint Venture
Jo-Jo, Yo-Yo, Jo-Jo-Effekt
Jongleur
Jota, Iota
Joystick
Juice
Jukebox
jung
   jung verheiratet, jungverheiratet;
   die Jungen; Junge und Alte; unsere
   Jüngste; [für] Jung und Alt *(jeder-*
   mann); das Jüngste Gericht
Jungfernfahrt
Junkfood, Junk-Food
justitiabel, justiziabel
Justitiar, Justiziar

K

Kabarett, *aber* Cabaret
Kabinett
Kabrio[lett], Cabrio[let]
Kadett
Kaffee, *aber* Café
Kaffeeersatz, Kaffee-Ersatz
kahl
kahl bleiben; kahl fressen, scheren, schlagen; kahlfressen, ...scheren, ...schlagen
Kai, Quai
Kakao
Kaki, Khaki
Kaktee, Kaktus, *Pl.* Kakteen
Kalaschnikow
Kalesche
Kalligrafie, Kalligraphie
Kalmar
Kalorie
kalt
kalt bleiben/lassen/machen; kaltbleiben *(unbeteiligt bleiben)*, kaltmachen *(ermorden)*, kaltstellen *(Getränke, jemanden wirkungslos machen)*; kalt gepresst, kaltgepresst; auf kalt und warm reagieren; ein kalter Krieg, der Kalte Krieg *(zwischen Ost und West nach dem Zweiten Weltkrieg)*; kalte/ Kalte Ente
Kalvarienberg
Kalvinismus, Calvinismus
Kalzit, Calcit
Kalzium, Calcium
Kamee
Kamera
Kamille
Kampagne, Campagne
Kampanile, Campanile
kampieren
Kanaille, Canaille
Kannapee
Känguru
Kännel *(Dachrinne)*
Kannibale
Kannossagang, Canossagang
Kanüle
kanzerogen
kapieren
Kapital
Kapitäl, Kapitell

Kaprice, Kaprize
kapriziös
Kaput
kaputt
kaputt machen, [sich] kaputtmachen; kaputtgehen, sich kaputtlachen, sich kaputtsparen
Kapuzineraffe
Karakulschaf
Karamell
Karamelle
Karavelle
Karbid, Carbid
Karbonat, Carbonat
Kardamom
Kardanantrieb
Kardätsche *(Pferdebürste)*, aber
Kartätsche
Kardinalzahl
Karfiol
Kargo, Cargo
Karitas, Caritas
karitativ
karmesinrot
karminrot
Karneol
Karneval
Karnickel
Karree
Karriere
Kartätsche *(Artilleriegeschoß)*, aber
Kardätsche
Karte
Karten spielen
Kartografie, Kartographie
Kartothek
Karussell
Kasack *(Bluse)*
Käscher, Kescher
Kaschmirschal
Kasino, Casino
Kasper, Kasperl
Kassandraruf
Kasserolle
Kassette
Kassiber
Kassier, Kassierer
Kastagnette
Katalysator
katalytisch
Katarr, Katarrh

Katastrophe
Katheder *(Rednerpult), aber* **Katheter**
Kathete
Katheter *(medizinisches Instrument),*
   aber **Katheder**
Kathode, Katode
Kauf
   in Kauf nehmen
Kavallerie
Keeper
Keepsmiling
Kegel
   Kegel schieben, Kind und Kegel
kehrtmachen
keinesfalls, keineswegs
keinmal
kennen
   kennen lernen, kennenlernen
Kentaur, Zentaur
Keroplastik, Zeroplastik
Kerosin
Kerub, Cherub
Kescher, Käscher
kess
Ketchup, Ketschup
Keyboard
Kfz-Schlosser
Khaki, Kaki
Khan, Chan
Kick-down, Kickdown
Kick-off, Kickoff
kielholen
kieloben
Kind
   an Kindes statt
Kingsize
kläffen
Klan, Clan
klar
   klar denken; klar werden, sehen;
   klarwerden *(verständlich werden),*
   klarsehen *(verstehen);* klarlegen,
   ...machen, ...stellen; im Klaren [sein]
   (Klarheit haben), ins Klare kommen
   (Klarheit bekommen)
Klarinette
klasse/Klasse
   klasse finden, sein
Klassement
Klavichord

kleben
   kleben bleiben; klebenbleiben
   (in der Schule ...)
klein
   klein beigeben; klein schreiben *(in
   kleiner Schrift);* kleinschreiben *(mit
   kleinem Anfangsbuchstaben; gering-
   schätzen);* kleinreden *(eine Sache);*
   klein gemustert, kariert, gedruckt,
   geschnitten; kleingemustert, klein-
   kariert [denken], kleingemustert,
   kleingeschnitten; der, die, das Kleine;
   das klein Gedruckte, Kleingedruckte;
   Groß[e] und Klein[e]; im [Großen
   und im] Kleinen; bis ins Kleinste; um
   ein Kleines *(wenig);* Klein Erna, Klein
   Roland; Pippin der Kleine; die kleine/
   Kleine Anfrage *(Parlament)*
Klimax
klipp [und klar]
Klipp, Klips, Clip, Videoclip
Klischee
Klistier
Klitoris, *Pl.* **Klitoris** *oder* **Klitorides**
Klivie, Clivia
Klosett
Klub, Club
klug
   klug argumentieren; klugreden,
   klugscheißen *(alles besser wissen
   wollen);* klugerweise; es ist am klügs-
   ten[,] zu gehen / es ist das Klügste[,]
   zu gehen
Knäckebrot
knapphalten *(jemanden)*
Knäuel
kneipen *(kneifen), aber* **kneippen**
   (zu Kneippkur)
Kneippkur
Knickerbocker
Knickerig, knickrig
knielang
Knock-out, Knockout
knorrig, knorzig
Knöterich
Know-how, Knowhow
   Know-how-Transfer, Knowhow-
   Transfer, Knowhowtransfer
knusp[e]rig
k.o. [schlagen], **K.-o.-Schlag**
Koautor

Kobel, Koben
Kobra *(Schlange)*, aber Kopra *(Mark
der Kokosnuss)*
kochend heiß
Koda, Coda
Kode, Code
Kodein, Codein
Kodex, *Pl.* Kodizes; Codex, *Pl.* Codi-
ces
kodieren, codieren
Kodifikation
kodifizieren
Koffein, Coffein
Kog, Koog
kohärent
Kohärenz
Kohäsion
Koitus, Coitus
Kojote, Coyote
Kolatsche, Golatsche
Kolchos, Kolchose
Kollaboration
Kollier, Collier
Kollision
Kolonie
Kolonne
Kolophonium
Koloss
Komitee
Kommassierung
kommen
    kommen sehen; kommen lassen,
    kommenlassen *(Gegner, Kupplung)*
Kommilitone
Kommiss
Kommissar, Kommissär
Kommunikee, Kommuniqué
Kompagnon
Kompass
Komplement *(Ergänzung)*, aber Kom-
pliment *(Lob)*
Komplet
komplett
Komplice, Komplize
Kompliment *(Lob)*, aber Komple-
ment *(Ergänzung)*
Komplize, Komplice
Kompromiss
kompromittieren
Komtess, Komtesse
konnotieren

Kondukteur
Konferenz, *aber* Conférencier
Konfiserie, Confiserie
Konfiskation
konfiszieren
Konfitüre
konform
    konform gehen, konformgehen;
    konform sein
Kongress
Konifere
königlich
    [die] Königliche Hoheit
Konjunktion
Konkordanz
Konkordat
Konnotation
Konquistador
Konsekration
konsekutiv
Konsommee, Consommé
Konstitution
Konteradmiral
Konterfei
kontra, contra
    das Kontra
Konvent
Konvikt
Konvoi
konzis
Koog, Kog
kooperativ
Kopf
    kopfrechnen, ...stehen; kopfüber
Kopie, *aber* Copyright
Kopra *(Mark der Kokosnuss)*, aber
    Kobra *(Schlange)*
korrepitieren
Korrepetitor
Koralle
Kord, Cord
Kordon
Koreferat, Korreferat
Koreferent, Korreferent
koreferieren, korreferieren
Korinthe
Kork, Korken
Kornett
Korps, Corps
Korreferat, Koreferat
Korreferent, Koreferent

47

korreferieren, koreferieren
Korrektur
  Korrektur lesen
Korrelat
Korridor
korrigieren
Korrosion
Korruption
Kortison, Cortison
Korvette
Koryphäe
Kosmobiologie
kosmopolitisch
Kosten
  Kosten senkend, kostensenkend
Kotelett
Koteletten
Krach
  Krach schlagen; mit Ach und Krach
Kraft/kraft, Kräfte
  kraft Amtes; Kraft raubend, kraftrau-
  bend; in/außer Kraft setzen; Kräfte
  schonend, kräfteschonend; kräfte-
  zehrend
krakeelen
Krampf
  krampfstillend, *aber* den Krampf
  stillend
krank
  krank sein; kranklachen, krankmel-
  den, krankschreiben
krass
Krätze
kraulen, crawlen *(auf besondere Art*
  schwimmen)
Kreation
kredenzen
Kredo, Credo
kreieren
kreisen *(sich im Kreis bewegen), aber*
  kreißen *(in Geburtswehen liegen)*
Kreißsaal
Krem, Creme, Kreme
krepieren
Krepp, Crêpe (Gewebe, Eierkuchen)
Krethi und Plethi
Kreuz/kreuz
  über Kreuz; in die Kreuz und [in die]
  Quere [laufen]; kreuz und quer
Krevette, Crevette

Krickente, Kriekente
Krieg
  Krieg führen; Krieg führend, krieg-
  führen; der, die Kriegführende
kroatisch/Kroatisch
  vgl. deutsch/Deutsch
Krocket
kross
krumm
  krumm sitzen; krumm biegen, machen; [keinen Finger] krummma-
  chen; krummlachen, krummlegen
  (sich einschränken), krummnehmen
  (über etwas ungehalten sein)
Krux, Crux
kryptokristallin
Kubikmeter
Küken, Kücken *(österr.)*
Kumys, Kumyss
kundgeben, kundtun
künstlich
  die künstliche Intelligenz
Kunz
  Hinz und Kunz
Kupon, Coupon
Kurare
Kürass
kurrent
kurz
  kurz ausruhen; kurz schneiden,
  kurzschneiden; kurz machen, kurz-
  machen; kurz gefasst, kurzgefasst;
  den Kürzeren ziehen *(der/die Benach-*
  teiligte sein); über kurz oder lang;
  seit/vor kurzem/Kurzem; [etwas] des
  Kürzeren [erklären] *(kurz)*; Kurzent-
  schlossene, *lt. Duden merkwürdiger-*
  weise auch möglich: kurz Entschlos-
  sene
kürzertreten
Kuss
küsste, geküsst *(zu* küssen), **küss!**
küsst!
Kustos, *Pl.* Kustoden
Kyrieeleison
kyrillisch, zyrillisch

L

Labskaus
Labyrinth

lachen
das Lachen; [das ist] zum Lachen
lächerlich
etwas Lächerliches; ins Lächerliche
ziehen
Lackmus
laden
lädt *oder* ladet, lud
lädieren
Lady, *Pl.* **Ladys**
ladylike
lahm
lahm gehen; lahmlegen
Laib *(Brot, Käse), aber* **Leib** *(Körper)*
Laibchen *(Gebäck), aber* **Leibchen**
(Kleidungsstück)
Laibung, Leibung
Laich *(Eier von Wassertieren)*
Lakritz, Lakritze
Lamé, Lamee
lancieren
Land
hier/dort zu Lande, hierzulande,
dortzulande; bei uns zulande *(daheim)*
Landrover®
lang[e]
lang ziehen, langziehen; lang ge-
streckt, langgestreckt; lang anhal-
tend, langanhaltend; langgehegt;
langwierig; [sich] langmachen; des/
eines Langen und Breiten; des Längeren [und Breiteren]; über kurz oder
lang; seit langem/Langem; seit länge-
rem/Längerem; vor längerem/Länge-
rem; Langeweile, lange Weile
La-Ola-Welle
Lappalie
läppern
läppisch
Laptop
Lärche *(Baum), aber* **Lerche** *(Vogel)*
Larve
lassen, lässt, ließ, lass! lasst!
lässlich
Lassheit
Last
zu Lasten, zulasten
lästern

lästig
lästig werden; lästig fallen, lästig-
fallen
lateinisch-deutsch
Latex, *Pl.* **Latizes**
Laub
Laub tragen; laubtragend, Laub
tragend
laufen
laufen lassen, laufenlassen (entkom-
men); zum Auf-und-davon-Laufen;
Ski laufen, Stelzen laufen, Gefahr
laufen
laufend
auf dem Laufenden [sein]
läuten
lavieren
Lay-out, Layout
leben
das In-den-Tag-hinein-Leben; Leben
spendend, lebenspendend
lebensfremd, lebensgefährlich
Lebzeiten, zu [seinen] Lebzeiten
Lecithin, Lezithin
Leck
leck schlagen, leckschlagen
leer
leer ausgehen, leer stehen; leer essen, leeressen; leerlaufen *(auslau-
fen; Motor)*; leer stehend, leerste-
hend; das Leere; ins Leere
leeren, *aber* **lehren**
Lefze
Legasthenie
Leggings, Leggins
lehren, *aber* **leeren**
Leib *(Körper)*
gut bei Leibe sein; *aber* beileibe
nicht; *aber* der Laib [Brot]
Leibchen *(Kleidungsstück), aber* **Laibchen** *(Gebäck)*
leibt
wie er/sie leibt und lebt
Leibung, Laibung
leicht
leicht lernen; [k]ein Leichtes sein;
nichts Leichtes; leicht fallen, leicht-
fallen *(keine Probleme haben)*; leicht
nehmen, leichtnehmen *(auf die
leichte Schulter nehmen)*; leichtfertig;
leichtfüßig; leichtbehindert, leicht

behindert; leicht bekömmlich, leicht-
bekömmlich; leicht entzündlich,
leichtentzündlich; ein leicht verwun-
deter, Leichtverwundeter
Leichtathletik
leid/Leid
leid sein, das ist mir leid; leidtra-
gend; leidtun; zuleid[e]/zu Leid[e]
[tun]; der/die Leidtragende
leis, leise
Lemma
Lerche *(Vogel)*, aber **Lärche** *(Baum)*
Lethargie
Letscho
letzt[e]/Letzt[e]
zu guter Letzt; letzter Hand, letzten
Endes; der/die/das Letzte; als Letztes;
bis ins Letzte; bis zum Letzten; fürs
Letzte; am Letzten; sein Letztes; das
Letzte Gericht; der letzte/Letzte Wille;
zum letzten Mal
letztere/Letztere
der/die/das Letztere; Letzterer, Letztere, Letzteres
letztmalig
letztmals
leuchtend [rot]
Levkoje
Lezithin, Lecithin
Liaison
Lid *(Augenlid)*, aber **Lied** *(Musik)*
lieb
lieb haben, behalten, gewinnen; lieb-
haben, ...behalten, ...gewinnen; lieb-
äugeln, liebkosen
Lied *(Musik)*, aber **Lid** *(Augenlid)*
liegen
liegen bleiben, lassen; liegenbleiben,
...lassen; das Liegenlassen
Lifestyle
Ligatur
Lightshow
liieren
Limetta, Limette
Limousine
linieren, liniieren
linke, links
linke Hand; linker Hand; die Linke;
zur Linken; links abbiegen, stehen;
linksabbiegend; nach links; mit links
erledigen; linksherum

Lipgloss
liquid, liquide
Litfaßsäule *(nach Ernst Litfaß*
benannt)
Lithografie, *auch* **Lithographie**
Lithurgik *(Geologie)*
Liturgik *(Theologie)*
live
Liveshow
Livree
lizenzieren *(Lizenz erteilen)*
Lkw-Fahrer, LKW-Fahrer
Lobby, *Pl.* **Lobbys**
löcken
locker
locker sitzen; locker machen, locker-
machen *(eine Sache herausrücken)*;
lockerlassen *(nachgeben)*
Logarithmus
Loggia
logieren
Loipe
Long Drink, Longdrink
Longseller
Lorgnon
lose [sein]
Loseblattausgabe
Loser
Löss, Löß
Lotos, Lotus *(Seerose)*, aber **Lotus**
(Klee)
Lounge
Lovestory
Low Fidelity
Luchs *(Tier)*, aber **Lux** *(Einheit)*
Lug [und Trug]
lukullisch
Lumberjack
Lumpazivagabundus
Lungen-Tbc
Luster, Lüster
lustwandeln
Lux *(Einheit)*, aber **Luchs**
luzid
lynchen
Lyra
Lyzeum

M

Maar *(Krater)*, aber **Mahr** *(Gespenst)*

Maat *(Seemann)*, aber Mahd *(das Mähen)*
Macho
madig, madigmachen
Mafia, *auch* Maffia
Maggi®
Magnifikat
Mahagoni
Mahd *(das Mähen)*, aber Maat *(Seemann)*
Mahl
Mahr *(Gespenst)*, aber Maar *(Krater)*
Mähre *(Pferd)*, aber Mär, Märe *(Nachricht)*
Mailing
Majonäse, Mayonnaise
Majoran, Meiran
Majorität
Make-up
Makkaroni
Makramee
makrokosmisch
Makromolekül
mal/Mal
   das erste Mal; zum achten Mal[e],
   aber achtmal, *bei besonderer Betonung* acht Mal; dieses Mal, einige
   Mal[e], das letzte Mal, etliche Mal[e];
   keinmal, *bei besonderer Betonung*
   kein Mal; manches Mal; mehrere
   Mal[e], viele Mal[e], verschiedene
   Mal[e]; Dutzend/Hundert/Millionen
   Mal[e]; von Mal zu Mal
malnehmen
malad, malade
Malaise, Maläse
malen
Malheur
malträtieren
Mammon
Mamsell
Management
manch, manche, mancher, manches
manchmal, *aber* manches Mal
mancherorten, mancherorts
Manege
mangels
manisch-depressiv
Mannequin
mannigfach
Manufaktur

Manuskript
Mär, Märe *(Nachricht)*, aber Mähre *(Pferd)*
Marabu
Marathon
   Marathon laufen, marathonlaufen
Marihuana
Marionette
Markise *(Sonnendach)*
Marquise *(weibl. Titel)*
Marone, *auch* Maroni, Marroni
Marschall
Maschine
   Maschine schreiben, *österr.* maschinschreiben
Maß/maß
   Maß nehmen, halten; maßhalten
   (sich mäßigen); maßregeln; maßgebend, maßhaltend
Massette
Masseur, Masseurin
Masseuse
Masurka, Mazurka
Matchwinner
Matinee
Matjeshering
Matratze
Matrix, *Pl.* Matrizen, Matrizes, Matrices
Matrize, *Pl.* Matrizen
Matt
   matt setzen *(hinsetzen)*; mattsetzen
   (Schach; handlungsunfähig machen)
Maturand, Maturant
Mätzchen
Mayonnaise, Majonäse
Mazurka, Masurka
Medaille
Medaillon
Megabyte
Megafon, Megaphon
Megalith
mehr
   mehrfach, mehrmals; ein Mehrfaches; das Mehrfache
mein/Mein
   das Meine/meine, das Meinige/meinige; Mein und Dein; an meiner statt
meinerseits
meinesgleichen, meinesteils
meinethalben, meinetwegen

Meiran, Majoran
Meißel
meist
  das meiste/Meiste, die meisten/Meisten; am meisten
meistbietend
meistenteils
Melange
melken, gemolken *oder* gemelkt
Memoiren
Memory
Menagerie
Menhir
menschenmöglich
  das/alles Menschenmögliche [tun; unternehmen]
Menthol
Menü
Menuett
Meringe, Meringel, Meringue
Merino[wolle]
Mesalliance
Mesmer, Mesner, Messner
messen
  miss!; misst, messt, maß, maßest
Messergebnis, Messtechnik, Messverfahren
Mestize
Metakritik
metasprachlich
Metall
  Metall verarbeiten; Metall verarbeitend, metallverarbeitend
metallic
Metapher
meterhoch
Methode
Methusalem
Methyl
Metier
Metzger
Mezzanin
Mezzosopran
miauen
mickerig, mickrig
midi
Midlifecrisis, Midlife-Crisis
Miene *(Gesichtsausdruck), aber* Mine *(Sprengkörper)*
miesmachen
Mignonzellen

mikroelektronisch
Mikrofilm
Mikrofon, Mikrophon
Milch gebend, milchgebend
Milieu; milieubedingt
Military
Millennium
Milliarde
Milligramm
Mimikry
Minarett
minder; mehr oder minder
minderbemittelt
mindest[e]/Mindest[e]
  [nicht] das Mindeste/mindeste; [nicht] im Mindesten/mindesten
Mine *(Sprengkörper), aber* Miene *(Gesichtsausdruck)*
Minimal Art
Minotaur, Minotaurus
Minuend
minutiös, minuziös
Misanthrop
Mischmasch
missachten, missbrauchen, missfallen
Missetat
Missgunst, Misstrauen
misshellig
Missing Link
misslich
misst *(zu* messen)
mit Hilfe, mithilfe
mithin
mithören
Mitleid erregend, mitleiderregend
mitreden
mitsamt
Mittag/mittags
  vgl. Abend/abends
mitternacht[s]/Mitternacht
  vgl. abend[s]/Abend; um Mitternacht, heute Mitternacht
mittlerweile
Mittwoch, Mittwochabend, mittwochabends, mittwochs
  vgl. Dienstag, Dienstagabend, dienstagabends, dienstags
mitunterzeichnen
Mixedpickles, Mixed Pickles, Mixpickles

Mnemonik, Mnemotechnik
Mob *(Pöbel)*, *aber* **Mopp** *(eine Art*
Besen)
mobilmachen
Mocca, Mokka
Model *(Fotomodell; Backform)*
Modell
Modern Jazz
Modul *(technische Einheit, Pl.*
Module;
Materialeigenschaft, Pl.
Moduln)
möglich
das/alles Mögliche [tun], sein Mög-
lichstes [tun]
Mohair, Mohär
Mokka, Mocca
Mole, Molo
Moll
a-Moll, *aber* A-Dur
Molton, Moll *(Gewebe)*
monatelang
mehrere Monate lang
Monokultur
Monographie, Monografie
Monophthong
Montag, Montagabend, montag-
abends, montags
vgl. Dienstag, Dienstagabend,
dienstagabends, dienstags
Moonboots
Mopp *(eine Art Besen)*, *aber* **Mob**
(Pöbel)
Moräne
Morgen/morgens
vgl. Abend/abends;
morgen Abend, Mittag, Nachmittag;
morgen früh/Früh
Morphium
Motette
Motocross, Moto-Cross
Mountainbike
Müesli *(schweiz.)*, **Müsli**
Mulatte
multikulturell
Multimillionär
Multiple-Choice-Verfahren
Multiplikand
mündig
mündig werden; mündig sprechen,
mündigsprechen
mundtot
munter machen, muntermachen

mürbe
(einen Teig) mürbe machen, *(jeman-*
den) mürbemachen
Muse
Musical
musikverständig
Musikus, *Pl.* **Musizi, Musikusse**
Muskateller
Müsli, *schweiz.* **Müesli**
Muße
Musselin
müssen, muss, musste, gemusst
das/ein Muss
müßiggehen
Mut
zu Mute/zumute [sein]
mutmaßen
Myrre, Myrrhe
Mysterium
Mystik
Mythos

N

nach
nach wie vor; nach Hause, nachhause; nachahmen, nachmachen,
nachsehen
nachdem
nacheinander
nachfolgend
das Nachfolgende, Nachfolgendes,
im Nachfolgenden
nachgewiesenermaßen
nachhause, nach Hause
nachhinein
im Nachhinein
Nachmittag/nachmittags
vgl. Abend/abends
nächst[e]/Nächste
der/die/das Nächste; als Nächstes;
der Nächste, bitte!; die nächstbeste
Sache; der Nächstbeste
Nacht/nachts
vgl. Abend/abends
nachtwandeln
Na-haltig, natriumhaltig
nahe
nahe wohnen; von nah und fern; von
nahem/Nahem; des Näheren; nahe-
bringen, ...kommen, ...legen, ...tre-

ten; naheliegend, ...stehend;
nahebei
näher
näher kommen, rücken; [sich] näher-
kommen, näherliegen
Name, Namen
nämlich
der/die/das Nämliche
Naphta
Nappaleder
narrativ
Narziss
Narzissmus, Narzisst, narzisstisch
Narzisse
naseweis
nass
nasskalt; Nassrasur; nass geschwitzt,
nassgeschwitzt
Navelorange
nebenan, nebenbei
nebeneinander
nebeneinander gehen, sitzen, stellen; nebeneinandergehen, ...legen,
...sitzen, ...stellen (*Betonung*)
nebenher
nebenher machen; nebenher fahren,
nebenherfahren (*nebeneinander*)
nebenstehend
der/die/das Nebenstehende; Neben-
stehendes; im Nebenstehenden
Necessaire, Nessessär
n-Eck
Negligé, Negligee
Negrospiritual
Nehrung
nein
das/ein Nein; nein/Nein sagen; mit
Nein stimmen
Neofaschismus
Neozoikum
Nessessär, Necessaire
neu
neu eröffnet, gebaut; neueröffnet,
...gebaut; Neues; das Neue, aufs
Neue; von neuem/Neuem; seit neues-
tem/Neuestem; die Neue Welt; die
neue Armut, die neuen Bundeslän-
der, das neue Jahr; ein neueröffnetes
Café, ein neu eröffnetes Café
neuerdings
Neugier, Neugierde

neun/neuntel/neunzig
vgl. acht/achtel/achtzig
Neurochirurgie
New Age
Newcomer
New Deal
New Economy
New Look
News
nicht
nicht öffentlich, nichtöffentlich;
nicht leitend (*Effekt*); nichtleitend
(*Materialeigenschaft*)
Nichtraucher
nichts
nichts ahnend, sagend; nichtsah-
nend, ...sagend
nichtsdestominder, nichtsdesto-
trotz, nichtsdestoweniger
Nicotin, Nikotin
nieder/Nieder
auf und nieder; Hoch und Nieder
(*jedermann*); die Hohen und die
Niederen
niedergehen
niederländisch/Niederländisch
vgl. deutsch/Deutsch
niedrig/Niedrig
niedrig [auf]hängen, denken; ein
Problem niedrighängen; niedrig
gesinnt, niedriggesinnt; niedrig stehend; niedrigstehend (*geringer Status*); Hoch und Niedrig (*jedermann*),
die Hohen und die Niedrigen
niemand
ein Niemand
Nießbrauch
Nightclub
Nihilismus
Nikotin, Nicotin
Nippes, Nippsachen
nirgend[s]wo
Nirwana
Nitrid (*Metall-Stickstoff-Verbindung*),
aber **Nitrit** (*Salz der salpetrigen
Säure*)
Nitroglyzerin
nitschewo
Niveau
Nobelpreis
Nocturne, Notturno

No-Future-Generation
Nonchalance
No-Name-Produkt,
  Nonameprodukt
nonchalant
Nonplusultra
nonstop
  nonstop reisen, fliegen; Nonstopflug,
  Nonstop-Flug
norwegisch/Norwegisch
  vgl. deutsch/Deutsch
not/Not
  Not leiden; [große] Not leidend, [äu-
  ßerst] notleidend; zur Not; in Nöten;
  not (*wie* nötig) sein, werden; nottun
Notdurft
nötig
  das Nötigste; es fehlt am Nötigsten;
  es ist am nötigsten
notlanden
nottun
Notturno, Nocturne
Nougat, Nugat
n-te [Ordnung]
Nu
  im Nu
Nuance
Nubukleder
Nugat, Nougat
null/Null
  die Null; eins zu null; gleich null; auf
  null stehen; durch null teilen; unter
  null sinken; in null Komma nichts
Numerale
Numero
Numismatik
Nummer
nummerieren
nunmehr
Nuss
  Nüsschen, Nussbaum
Nut, Nute
nutz/Nutz, nütze
  nütze sein, von Nutzen; zunutze/zu
  Nutze [machen]
nutzen, nützen
nutznießen
Nymphe

O

Obduktion
obduzieren
o-beinig, O-beinig
oben
  oben stehen; oben stehend, erwähnt,
  genannt; obenstehend, ...erwähnt,
  ...genannt; das oben Erwähnte, das
  Obenerwähnte; oben Erwähntes,
  Obenerwähntes; das Obenstehende,
  oben Stehende
obenan, obenauf
Obers
obig
  im Obigen, Obiges
Oblate
obliegen
Obmann
Obolus
obschon
Öchsle[grad]
öd, öde
Odyssee
Œuvre
offen
  offen bleiben, halten, lassen; offen-
  bleiben (*Frage*), ...halten (*eine Sache*),
  ...lassen (*Frage*); offenlegen; offen
  gesagt, gestanden; offen geblieben,
  offengeblieben
offerieren
Offert, Offerte
Office
Offsetdruck
Offshore-Windpark, Off-Shore-
  Windpark
Offshoring
o-förmig, O-förmig
oft
  öfters; des Öft[e]ren
oh
  ein Oh
ohne
  ohne dass (*ohne Komma*), ohne wei-
  teres/Weiteres, ohneweiters; ohne-
  einander
Ohr
  zu Ohren kommen
okkasionell
okkult
Oktanzahl

Oktav, Oktave *(Tonintervall, Intervall;*
  Oktav: *auch Buchformat)*
oktroyieren
Okzident
Oldie
Oleander
olympisch
  die Olympischen Spiele; das olympi-
  sche Feuer
Ombudsfrau, Ombudsmann
Omelett, Omelette
Ondit
Onyx
opak
Op-Art
Open Air
Open-Air-Festival
Open End
Open-End-Diskussion
orange *(Farbe) vgl.* blau
Orange *(Apfelsine)*
Orangeade
Orangeat
Orang-Utan
Ordonanz, Ordonnanz
Ordre, Order
Oregano, Origano
original
originell
Orkus
Ornithologie
Orthografie, Orthographie
Orthopädie
ortskundig
outen
Outfit
Output
Ouvertüre
Overheadprojektor
Overkill
Oxer
Oxid, Oxyd
Oxidation, Oxyation

P

paar/Paar
  ein paar Pfund, die paar Euro; ein
  paar Tausend/tausend Mal[e]; ein
  Paar *(zwei)*; Pärchen
Pacemaker

Packagetour
Paillette
Palais
Paläozoikum
Palatschinke *(meist Plural)*
Palette
Panamerikanismus
panaschieren
Paneel
Panflöte, Pansflöte
Panoptikum
panschen, pantschen
Panscherei, Pantscherei
Pantalons
Panter, Panther
Pantheismus
pantschen, panschen
Pantscherei, Panscherei
Paperback
Pappmaschee, Pappmaché
päppeln
Papyrus
paramilitärisch
Parabolantenne
Paradeiser
Paradentose, Parodontose
Paragraf, Paragraph
parallel
  parallel laufend *(nebeneinander)*,
  parallellaufend *(gleichzeitig)*; parallel
  geschaltet, parallelgeschaltet
Paralyse
Paranuss
Pärchen (zu Paar)
Parcours
Parfait
Parforceritt
Parfum, Parfüm
Park-and-ride-System
Parodontose, Paradentose
Partizipation
partout
Party, *Pl.* Partys
Pass
passabel
passé, passee
Passepartout
passen
  passt, passte, gepasst; pass auf! passt
  auf!
pasteurisieren

Pathologie
Patience
Patisserie, Patissier
Patrouille
Patschuli
pausbackig, pausbäckig
Pavillon
Pawlatsche
Pedant *(pingeliger Mensch)*, aber
  Pendant *(Gegenstück)*
pedantisch, pedant
Peepshow
Pendant *(Gegenstück)*, aber Pedant
  (pingeliger Mensch)
Penicillin, Penizillin
Pennäler
Penthaus, Penthouse
Pep, peppig
Peperone, Peperoni, Pfefferoni
Percussion, Perkussion
Perestroika
perfid, perfide
Performance
peripher
Perkussion, Percussion
Perlmutt[er]
Personal Computer, PC
  Pl. Personal Computer, PCs
Personalityshow
Personalserviceagentur, *auch* Personal-Service-Agentur
Petit Fours
Petticoat
pfauchen, fauchen
Pfefferoni, Peperone, Peperoni
pflichtvergessen
Phalanx
Phantasie, Fantasie *(Musikstück: mit F)*
phantastisch, fantastisch
Pharmaindustrie
Phiole
Phishing
Phlegma
Phlox
Phobie
Phon, Fon
  Phonzahl, Fonzahl *(wir empfehlen Phon)*
Phonometrie, Fonometrie

photo…, foto…
  photoelektrisch, fotoelektrisch *usw.*;
  Photoeffekt, Fotoeffekt *usw.*
Phrase
pH-Wert
Physik
Piccolo, Pikkolo
Pickerl
Picknick
picobello
piekfein
Pieta, Pietà
Pik
pikant
piken, piksen
pikiert
Pikkolo, Piccolo
piksen, piken
Pingpong
Pinnwand
Pin-up-Girl
Pipeline
Pipette
Piranha, Piraya
Piroge *(Einbaum)*, aber Pirogge
  (Pastete)
Pirouette
Pissoir
pittoresk
Pizzikato
placken
Plädoyer
Plafond
Plaid
Plakette
plan
  plan schleifen, planschleifen
plänkeln
planschen, plantschen
Plateau
Platitude, Plattitüde
platt
  platt drücken, machen; plattdrücken,
  …machen; plattnasig
Plattitüde, Platitude
Platz, platzieren
platzen
  platzen lassen; [einen Termin] platzenlassen
Play-back, Playback
Playboy

57

Play-off, Playoff
Playoffrunde, Play-off-Runde, Play-off-Runde
Plazenta
Plazet
Plebejer
Plebiszit
pleite/Pleite
Pleite machen; pleitegehen; pleite sein
Plethi und Krethi
Pleuel
Plissee
Plot
Plotter
Plumpudding
Pneu, Pneumatik
Po, Popo
Pogrom
Pokerface
Poliklinik
polnisch/Polnisch
vgl. deutsch/Deutsch
Polonaise, Polonäse
Polyamid
Polyester
polyglott
Pomeranze
Pommes frites
(aber auf Speisekarten ist Pommes Frites üblich)
Pontifex, Pl. Pontifizes, Pontifices
Ponton
Pony
Pop, Popper, poppig
Pop-Art
Popcorn
Pornografie, Pornographie
Porphyr
Porree
Porridge
Portable
Portemonnaie, Portmonee
Porträt
portugiesisch/Portugiesisch
vgl. deutsch/Deutsch
Portwein
Porzellan
possessiv
postlagernd, postoperativ
posthum, postum

Postskript, Postskriptum
Pot (Marihuana), aber Pott (Topf)
Potential, Potenzial
potentiell, potenziell
Potpourri
Pott (Topf), aber Pot (Marihuana)
Poulard, Poularde
Powerplay
Powidl
Prähistoriker
präferentiell, präferenziell
Präfix
Pragmatik
Prägnanz
Praline, Pralinee
Prämisse
Präsens (Gegenwart), aber Präsenz (Anwesenheit)
prätentiös
präzis, präzise
Preiselbeere
preisgeben
Prélude
Presbyter
pressen
Pressluft
Presswehe
Prêt-à-porter
pretiös, preziös
Pretiosen, Preziosen
Primetime, Prime Time
Primzahl
privat, [von] privat
Private Banking
pro
pro Kopf; Pro-Kopf-Einkommen; proamerikanisch
Probe [fahren]
probieren
probieren/Probieren geht über studieren/Studieren
Procedere, Prozedere
Product-Placement, Product Placement
Profit-Center, Profitcenter
projizieren
Pro-Kopf-Verbrauch
Promille
Promiskuität
Promotor
prononciert

prophylaktisch
Proporz
Propst
Prosperität
prost, prosit
Protegé
protegieren
Prothese
Protokollant
Prozedere, Procedere
Prozent
Prozess
Pseudokrupp
Pseudonym
pseudowissenschaftlich
Psychotherapie
Psychothriller
Publicity
Public Relations
publik
   publik machen, publikmachen
Pullover
Pumpernickel
Punchingball
Punkt [acht] Uhr
Pupille
puschen, pushen
Puszta
puzzeln (zu Puzzle)
Pyjama
Pyramide
Pyrrhussieg
Python

Q

Quacksalber
Quadrille
quadrofon, quadrophon
Quai, Kai
Quäntchen
Quarantäne
Quart, Quarte
Quartier
Quarz
Quästor
quer/Quere
   [etwas] quer stellen; kreuz und quer;
   quer gestreift, quergestreift; quer-
   legen, ...schießen ...stellen; Querver-

bindung; in die Quere [kommen];
   querfeldein
quicklebendig
Quickstepp
Quint, Quinte
Quintessenz
Quiz, quizzen
Quodlibet

R

Rabatt
rabiat
rächen (zu Rache)
Racket, Rakett
Raclette
Rad
   Rad fahren, fahrend, schlagen;
   radfahren, ...fahrend, ...schlagen
radebrechen
radioaktiv
Raffinerie
Raffinesse
raffiniert
Ragout
räkeln, rekeln
Rallye
Rand
   zu Rande/zurande kommen
rangieren
Ränke [schmieden], aber Renke
   (Fisch)
rarmachen (sich rarmachen)
Raster (der Raster)
Rat
   ratschlagen; Rat suchen; ratsuchend,
   Rat suchend; der/die Rat Suchende/
   Ratsuchende; zu Rate/zurate ziehen
Ratatouille
Ratifikation
Ratingagentur
rational
rationell
rau, Rauheit
Raum sparend, raumsparend
Re (zu Kontra), aber Reh
Reagens, Reagenz, Pl. Reagenzien
Rechaud
rechen (mit Werkzeug)
recht/Recht
   recht/Recht behalten, bekommen,

geben; haben, tun; Recht sprechen;
mit Recht, zu Recht (*aber* zurechtweisen); rechtfertigen, rechtschreiben;
recht (*richtig*) gehandelt; das Rechte,
nach dem Rechten sehen; rechts-
erfahren
rechte/Rechte
die rechte Hand; die Rechte; zur
Rechten [wie zur Linken]
rechtens
etwas für rechtens halten/erachten
rechts
rechts abbiegen; rechts abbiegend,
rechtsabbiegend; (*politisch*) rechts
stehen, rechtsstehend; nach rechts,
gegen rechts
Regress
Recorder, Rekorder
Rede
Rede und Antwort stehen
Redoute
redselig
Reede
auf Reede liegen
Referent (*zum Beispiel Vortragender*),
aber **Reverend** (*Geistlicher*)
Referenz (*Bezugnahme*), aber **Reverenz** (*Aufwartung*)
reflektieren
Reflexion
(Reflektion *ist falsch, aber warum?*)
reflexiv
Refrain
regieren
der Regierende Bürgermeister
Regress
reich/Reich
reich schmücken; reich verziert,
reichverziert; die Armen und die
Reichen; Arm und Reich
rein
rein erhalten; rein[e] machen,
rein[e]machen; reinschreiben,
...waschen;
das Reine, ins Reine kommen, bringen, schreiben; im Reinen sein;
reingolden, ...seiden
Reineclaude, Reneklode, Ringlotte
Reißaus [nehmen]
reißen, riss
reizen

Reizker
rekeln, räkeln
Rekorder, Recorder
rekurrieren
Relais
Release
Reliquie
Remake
Reminiszenz
Renaissance
Rendezvous, Rendez-vous
Reneklode, Reineclaude, Ringlotte
Renette, Reinette
Renke (*Fisch*), aber **Ränke** [schmie-
den]
Renommee
Repertoire
Reprise
requirieren
Requisit
Reservoir
Respekt
Respekt einflößen, respekteinflößend
Ressentiment
Ressort
Ressourcen
(*im Englischen* resources, *also auch*
Human Resources Management)
Resümee
retour
Rettich
reüssieren
Revanche
Reverend (*Geistlicher*), aber **Referent**
(*zum Beispiel Vortragender*)
Reverenz (*Aufwartung*), aber **Refe-
renz** (*Bezugnahme*)
Revers
Revirement
Revival
Revoluzzer
Revue
Rezensent
Rezitativ
Rhabarber
Rhapsodie
Rhetorik
Rheuma
Rhododendron
Rhombus
rhythmisch

Rhythmus
richtig
Uhr: richtig gehen, stellen *oder* richtiggehen; richtigstellen *(Aussage)*; richtigliegen *(mit einer Meinung)*; richtigmachen *(berichtigen)*; richtig gehend; richtiggehend *(Verschwörung, Aussage, Uhr)*; der/die/das [einzig] Richtige sein; [für] das Richtigste [halten/sein]
Riester-Rente, Riesterrente
Rikscha
Riss
Ringlotte, Reineclaude, Reneklode
rings [um], **ringsum, ringsumher**
riss *(zu reißen)*
Ritus
Rizinus
Roastbeef
Rochade
rochieren
Rock and Roll, Rock n' Roll
Rock-and-Roll-Musiker, Rock-n'-Roll-Musiker
roh
im Rohen [fertig] sein; aus dem Rohen arbeiten; rohseiden
Rohheit
Romadur
Romancier
Rommé, Rommee, Rummy
röntgen
Rooming-in, Roomingin
Rooming-in-System, Roomingin-System, Roominginsystem
Roquefort
rosarot
Rose
rose, Rosé
röstfrisch
rot *vgl.* blau
rotblau; *Politik:* Rot-Grün *oder* Rotgrün; rotsehen [vor Wut]; rot glühen; rot glühend, rotglühend; das Rote Meer, die Rote Liste [aussterbender Arten], der Rote Planet, der Rote Milan; der rote Faden, die rote Grütze, kein roter Heller
Rouge
Roulett, Roulette

Round Table
Round-Table-Konferenz
Rowdy, *Pl.* **Rowdys**
Rübe, Rüebli
ruchlos
Rücken
rückenschwimmen, ich schwimme Rücken
rückwärts
rückwärts einparken; rückwärtsfallen, ...fahren; rückwärtsgehen *(auch für: sich verschlechtern)*
Rüebli, Rübe
ruhen
ruhen lassen *(Person)*; ruhenlassen *(Sache)*
ruhig
ruhig stellen; ruhigstellen *(zur Ruhe bringen)*
rumänisch/Rumänisch
vgl. deutsch/Deutsch
Rummy, Rommé, Rommee
Rumpsteak
rund
[etwas] rund machen; [jemanden] rundmachen; rundheraus, rundumher; runderneuern, ...fragen, ...gehen
Running Gag
Rushhour
Ruß
russisch/Russisch
vgl. deutsch/Deutsch
Russlanddeutsche[r]

S

Saal, *Pl.* **Säle**
Sabotage
Saccharin, Sacharin
Sachertorte
Safer Sex
Saisonier, Saisonnier
Saite *(Musikinstrument), aber* **Seite** *(Buch)*
sakrosankt
Sales
Laut Duden: Salesmanager, -promoter; *Praxis häufig:* Sales Manager, Sales Promoter
Saloon

salopp
salü
Samstag, Samstagabend, samstagabends, samstags
vgl. Dienstag, Dienstagabend, dienstagabends, dienstags
sämtlich
Sanctus, aber **Sankt** [Florian usw.], **St.**
Sandwich
Sankt [Florian usw.], **St.**, aber **Sanctus**
Saphir
Sarkophag
saß (Vergangenheit von sitzt)
satt
[sich] satt essen, satt werden; satt machen, sattmachen; [etwas] satthaben, [sich] sattsehen; sattgrün
saturiert
sauber
sauber halten; sauber machen, saubermachen
Sauce, Soße
Sauciere
saumselig
Sauregurkenzeit, auch **Saure-Gurken-Zeit**
Saus
in Saus und Braus
Sausen
sausen lassen; sausenlassen (aufgeben)
Saxofon, Saxophon
S-Bahn
Schafott
schäkern
Schalmei
Schalotte
Schaluppe
Schamotte
Schampus
Schande
Schande machen; zu Schanden/zuschanden machen/gehen/werden
Schankwirtschaft, Schänkwirtschaft, Schenkwirtschaft
Schänke, Schenke
Scharade
Schäre (Küstenformation), aber **Schere** (Schneidwerkzeug)

scharf
scharf schießen; scharf machen oder scharfmachen (Essen, Messer); aber [einen Hund] scharfmachen; aufs schärfste/Schärfste verurteilen
Scharm, Charm
schätzen [lernen]
schaurig-schön
Scheck, Check, Cheque
scheckig braun
scheel [blickend]
Schellack
Schenke, Schänke
Schenkwirtschaft, Schankwirtschaft, Schänkwirtschaft
Schere (Schneidwerkzeug), aber **Schäre** (Küstenformation)
Scheu
scheu werden, scheu machen; [die Pferde] scheumachen
scheußlich
Schi, Ski
Schi/Ski laufen
schick, chic
das ist schick/chic; ein schickes Kleid
Schickimicki
schief
schief anschauen, gehen, liegen, sitzen; schiefgehen (nicht gelingen), sich schieflachen, schiefliegen (sich täuschen); schiefgewickelt sein (sich täuschen)
Schiff, Schifffahrt
Schiismus
Schikoree, Chicorée
Schimäre, Chimäre
Schirokko
Schisma
Schiss
schlafwandeln
Schlag [acht Uhr]
Schlägel (Schlagwerkzeug), aber **Schlegel** (Keule)
Schlamassel
Schlange [stehen]
schlank
schlank machen, schlankmachen
schlappmachen
aber: die Arbeit hat uns schlapp gemacht
Schläue

SCHWARZ

schlauerweise
schlecht
schlecht beraten; schlecht gehen,
schlechtgehen; schlecht stehen,
schlechtstehen; schlechtmachen,
...reden; schlecht gelaunt, schlecht-
gelaunt; schlecht bezahlt, schlecht-
bezahlt
schlechterdings
Schlegel *(Keule)*, aber Schlägel
(Schlagwerkzeug)
schleifen
etwas schleifenlassen *(nicht darum
kümmern)*; die Messer schleifen lassen
schlimm
das Schlimmste; zum Schlimmsten
kommen; auf das/aufs schlimmste/
Schlimmste [zugerichtet werden]
schlimmstenfalls
schließen, schloss
Schlitten [fahren]
Schlittschuh [laufen]
Schloss
schlupfen, schlüpfen
Schluss
schlussfolgern
schmeißen, schmiss
Schmerz/schmerz
schmerzempfindlich, ...stillend; *aber*
gegen Schmerz empfindlich, den
Schmerz stillend
Schmiss
schmutzig [grau]
Schnäpper, Schnepper
schnäuzen, *veraltet* schneuzen
schnell/Schnelle
schnelllebig; am schnellsten; der
schnelle Brüter; auf die Schnelle
schnippen, schnipsen
schnöd, schnöde
schnodderig, schnoddrig
schnuckelig, schnucklig
schnuppe [sein]
schofel, schofelig, schoflig
Scholastiker
schön
schön schreiben, werden, machen;
schönfärben, ...machen, ...reden,
...schreiben, ...tun; schöne Besche-
rung

Schose, Chose
Schoß *(Mutterleib)*, aber Schoss,
Schössling *(Trieb)*
schräg
schräg stehen; schräg stellen,
schrägstellen; schräg laufen *(gehen)*,
schräglaufen *(schiefgehen)*
Schrapnell
Schrat, Schratt
schrecklich
es ist/wäre das Schrecklichste, wenn;
auf das/aufs schrecklichste/Schreck-
lichste [zugerichtet worden]; *aber
nur:* auf das/aufs Schrecklichste
gefasst sein
Schredder
Schrimp, Shrimp
Schrot *(gemahlene Getreidekörner,
Bleikügelchen)*, aber Schrothkur
Schubs, Schups
schuld/Schuld
Schuld geben, haben, tragen; zu
Schulden/zuschulden kommen
lassen
schuldig
schuldig sprechen, schuldigspre-
chen; für schuldig erklären
Schuss
in Schuss [halten/haben]
schusselig, schusslig
schutzimpfen
schwach
schwach werden; schwachwerden
(nachgeben); schwach besiedelt,
schwachbesiedelt; jemanden
schwachmachen
schwadronieren
Schwang
im Schwange sein
schwarz *vgl.* blau
schwarzarbeiten, ...hören, ...kopie-
ren, ...sehen; sich schwarzärgern;
schwarzweiß/schwarz-weiß [malen];
schwarz auf weiß; das Schwarze
Meer, die Schwarze Witwe; das
schwarze Schaf, der schwarze Markt,
ein schwarzer Tag, die schwarze
Liste; das schwarze/Schwarze Brett,
der schwarze/Schwarze Peter, die
schwarze/Schwarze Kunst, der
schwarze/Schwarze Mann;

Schwarzweißfernsehen, Schwarz-
Weiß-Film, Schwarzweißfilm
schwatzen, schwätzen
schwedisch/Schwedisch
vgl. deutsch/Deutsch
Schweiß
schweißen
Schweizergarde
schwer
schwer lernen, verletzen; schwermachen, [das Leben] schwermachen;
schwer beschädigt, behindert, be-
waffnet; schwerbeschädigt, ...behin-
dert *(in Amtssprache immer zusammen)*, ...bewaffnet; *immer* schwerst-
behindert; schwer krank, verständlich; schwerkrank, ...verständlich;
schwerfallen, ...nehmen; [sich]
schwertun; schwerreich, ...hörig,
...mütig
Schwerenöter
schwindelerregend, Schwindel
   erregend
Sciencefiction, Science-Fiction
Score, Skore
Seánce
sechs/sechstel/sechzig
vgl. acht/achtel/achtzig
Secondhandshop
See, Seeelefant
segelfliegen
Segen
segenspendend, ...bringend; Segen
spendend/bringend
seid *(zu* sein), *aber* **seit** [gestern]
seihen
seiltanzen
seine/Seine
jedem das Seine/seine, jedem das
Seinige/seinige; [für] die Seinen/sei-
nen [sorgen], [für] die Seinigen/sei-
nigen [sorgen]
seinerseits, seinerzeit
seinesgleichen
seinethalben, ...wegen, ...willen
seinlassen *(nicht tun)*
Seismograf, Seismograph
seit [gestern], *aber* **seid** *(zu* sein)
seitdem
Seite
auf Seiten/aufseiten; von Seiten/von-

seiten; auf/zur Seite; *aber* Saite [eines
Instruments]
sekkieren
Sekund, Sekunde *(Intervall; Zeit:* immer Sekunde*)*
sekundenlang
selbst
selbst backen, machen; selbst gebacken, geschneidert, gestrickt; selbst-
gebacken, ...geschneidert, ...ge-
strickt; selbstbewusst, selbstsicher
selbständig, selbstständig
Selbstsucht
Selfmademan
selig
selig machen, werden, preisen; selig-
machen, ...preisen, ...sprechen
selten, Seltene Erden
Semifinale
senden
sandte *oder* sendete, gesandt *oder*
gesendet
senkrecht [stehen]
separat
Separee, Séparée
Septim, Septime
sequentiell, sequenziell
serbisch/Serbisch
vgl. deutsch/Deutsch
Sergeant
Seriosität
Servela, Cervelat, Servelatwurst,
   Zervelatwurst
Servolenkung
sesshaft
setzen
setzen lassen, [eine Sache] setzen-
lassen
Sexappeal, Sex-Appeal
Sext, Sexte
sexual, sexuell
sexy
Sezession
s-förmig, S-förmig
Shagpfeife
Shakehands
Shantys, *Pl.* **Shantys**
Shareholder-Value
Shootingstar
Shopping
Shoppingcenter, Shopping-Center

Short Story, Shortstory
Showdown, *auch* Show-down
Shrimp, Schrimp
sibyllinisch
sicher
  sicher machen, sichermachen *(be-festigen)*; sichergehen, ...stellen; das Sicherste sein; im Sichern sein; es ist das Sicherste, wenn; auf Nummer sicher gehen
sie, Sie
  Ihrer, Ihnen, Sie *(höfliche Anrede)*
sieben/siebtel/siebzig
  vgl. acht/achtel/achtzig
  die sieben/Sieben Raben/Weltwunder
Siegel *(Verschluss)*, *aber* Sigel, Sigle *(Kürzel)*
Sightseeing
Silhouette
Silicat, Silikat
Silicon, Silikon
Silvester
Sinfonie, Symphonie
Sinn
  von Sinnen [sein]
Sintflut, Sündflut
Siphon
Sisyphusarbeit
Sit-in, Sitin
sitzen
  sitzen bleiben *(nicht aufstehen)*, sitzenbleiben *(in der Schule nicht versetzt werden)*; sitzen lassen *(auf einem Stuhl)*, sitzenlassen *(im Stich lassen)*
Skalpell
Skateboard
Sketch, Sketsch
Ski, Schi
  Ski laufen
Sklerose, sklerotisch
Skooter
Skore, Score
skrupulös
skurril
S-Kurve, S-Kurven-reich
Skyline
Slapstick
s-Laut
Slibowitz, Sliwowitz

slowakisch/Slowakisch
  vgl. deutsch/Deutsch
slowenisch/Slowenisch
  vgl. deutsch/Deutsch
Slowfood, *auch* Slow-Food *oder* Slow Food
Slowfox
Small Talk, Smalltalk
so
  sobald, ...fern, ...lang[e], ...oft, ...viel, ...weit, ...wohl; so fern, groß, hoch, lang[e], oft, viel[e], weit; sogenannt, so genannt
sodass, so dass
Softdrink, *auch* Soft-Drink *oder* Soft Drink
Softeis
Soft Skills
sogenannt *(abgekürzt sog.)*, so genannt
Sohle *(Tal, Fuß)*, *aber* Sole *(salzhaltiges Wasser)*
Soiree
Soja
solch/solcher
  solche, solcher, solches; eine solche, ein solcher, ein solches; solcherart, ...maßen
Sole *(salzhaltiges Wasser)*, *aber* Sohle *(Tal, Fuß)*
Soll
  das Soll; Ist und Soll
Solvens *Pl.* Solvenzien, Solventia *(lösendes Mittel)*, *aber* Solvenz *(Zahlungsfähigkeit)*
sommers
Sonderheit
  in Sonderheit
Sonett
Sonnabend *usw. vgl.* Dienstag *usw.*
Sonntag, Sonntagabend, Sonntagabends, sonntags
  vgl. Dienstag, Dienstagabend, dienstagabends, dienstags
sonnenbaden
Sonnyboy
sonst
  sonst jemand, was, wer, wie, wo, woher, wohin
sonstig
  das Sonstige

65

sorbisch/Sorbisch
vgl. deutsch/Deutsch
Soße, Sauce
Soufflé, Soufflee
Soundtrack
Soutane, Sutane
Souterrain
souverän
soviel
soviel [ich weiß], so viel [Geld]
soweit
soweit [ich weiß], so weit [zu laufen]
sowohl
sowohl ... als/wie auch; das Sowohl-als-auch
sozusagen
Spaceshuttle
Spagetti, Spaghetti
Spaltbreit, Spalt breit
einen Spaltbreit/Spalt breit [öffnen]
spanisch/Spanisch
vgl. deutsch/Deutsch
Spaß, *österr. auch* **Spass**
spaßliebend, Spaß liebend
spät
spätabends, spät kommen; spätgeboren, spätgeboren; die Spätgeborenen
spazieren [gehen usw.]
Spektrum
Sperenzchen, Sperenzien
speziell
im Speziellen
Spider
spielen
spielen lassen; spielenlassen *(die Muskeln)*; Piano, Schach spielen
Spieß
Spinett
spintisieren
Spiritual
spitz, spitze, Spitze
spitz schleifen, spitzschleifen; spitzbekommen; spitzfindig; das ist spitze
Spleen
spleißen
sponsern
Sponsoring
sporttreibend, Sport treibend
Spoiler
spornstreichs
Sportswear

Spot *(Werbung), aber* **Spott** *(Hohn)*
spottbillig
sprießen
spröd, spröde
Spross
sprosste, gesprosst *(zu* sprießen)
Stafette
Staffage
Staffelei
Stagflation
Stagnation
Stalagmit
Stalaktit
stammverwandt
Stand
außerstand/außer Stand [setzen]; außerstande/außer Stande [sein]; instand/in Stand [setzen/halten...]; imstande/im Stande [sein]; zustande/zu Stande [bringen/kommen]
Standard
Stand-by, Standby
standhalten
Standing Ovations
Stängel
Stanniol
stark
stark machen, werden; sich starkmachen; etwas starkreden; besiedelt, bevölkert; starkbesiedelt, ...bevölkert
Starlet, Starlett
statt, stattdessen
statt seiner, deren, dessen; *aber* stattdessen; an Eides statt; anstatt; stattfinden, ...geben, ...haben
statuieren
Status quo
Staub
Staub saugen, staubsaugen; ich sauge Staub, ich staubsauge; das Staubsaugen
Staunen
Staunen erregen; staunenerregend, Staunen erregend
stecken
stecken bleiben, lassen; steckenbleiben, ...lassen
stehen
stehen bleiben, lassen; stehenbleiben, ...lassen
Steiß

Stelldichein
Stelle
  an Stelle, anstelle
Stelze[n laufen]
Stepptanz
sterben
  [jemanden] sterben lassen; [ein Projekt] sterbenlassen
Stereoanlage
Stereofonie, Stereophonie
Steward, Stewardess
Stiel *(Besen), aber* Stil *(Ausdruck)*
Stilett
still
  still bleiben, halten, sitzen, stehen; *aber* stillhalten *(erdulden)*, stilllegen *(außer Betrieb setzen)*, stillsitzen *(unbeweglich sitzen)*, stillstehen *(außer Betrieb sein)*; im Stillen; der Stille Ozean
Stillleben
Stimulans *(anregendes Mittel), Pl.* Stimulatia, Stimulazien, *aber* Stimulanz *(Anreiz), Pl.* Stimulanzen
stocken
  das Stocken, ins Stocken kommen
stoisch
Stock-Option
stop, stopp
  stopp *(zu stoppen); (aber:* Stop! *auf Verkehrsschildern)*
Store *(Vorhang, Laden)*
Story, *Pl.* Storys
strafversetzen
stramm
  stramm ziehen, [Gurt, Hosenboden] strammziehen; strammstehen; stramm laufen
straßauf, ...ab
Straße
Streetworker
streng
  streng bewerten, nehmen, riechen, sein; streng genommen, strenggenommen; strenggläubig
Stress, Stresssituation
Stretch
Striezel
Stringenz
Strip, Striptease, *aber* strippen

Strom
  stromab[wärts], stromauf[wärts]
Strophe
strubbelig, strubblig
Strychnin
Stuckateur
studieren
  das Studieren; Probieren/probieren geht über Studieren/studieren
Stunde
  stundenlang; zwei Stunden lang; eine Viertelstunde, viertel Stunde; eine Dreiviertelstunde; drei viertel Stunden, drei Viertelstunden
Stups
Stuss
stylen, *aber* Stil
Styropor
Subskribent, subskribieren, Subskription
substantiell, substanziell
subsumieren, Subsumtion
Subtrahend
Süffisance, Süffisanz
süffisant
Suizid
Sujet
Sukkade
sukzessiv, sukzessive
Sulfid *(Salz der Schwefelwasserstoffsäure), aber* Sulfit *(Salz der schwefligen Säure)*
Sündflut, Sintflut
superleicht
superb, süperb
Surfleisch
Surrealismus
Surrogat
süßsauer
Sutane, Soutane
Sweatshirt
Swimmingpool
Sympathie, Sympathisant
Symphonie, Sinfonie
Symposion, Symposium
Synonym
Syntaktisch
Synthese, synthetisch
Syphilis
Szepter *(österr.)*, Zepter

T

Tabelle
Tableau
Tablett
Tabula rasa [machen]
Tag
  tags darauf; tagsüber; eines Tages;
  bei Tage, unter Tage; zutage/zu Tage
  [bringen, kommen, fördern, treten];
  tagaus, tagein; tagelang, zwei Tage
  lang; lasst uns Guten/guten Tag
  sagen
...tägig
  siebentägig, 7-tägig *(sieben Tage
  dauernd)*
Tagliatelle
...täglich
  siebentäglich, 7-täglich *(alle sieben
  Tage)*
Taille
Takeaway, Take-away
Talg *(Fett), aber* **Talk** *(Mineral, Unter-
  haltung)*
Talkmaster, Talkshow
Tambour *(Trommler), aber* **Tambur,
  Tamburin** *(Stickrahmen),* **Tambu-
  rin** *(Rahmentrommel)*
tangential *(von* Tangente)
Tantieme
Tapisserie
Tarock
Tatar
tätowieren
tätscheln
taubstumm
**tausend, Tausend, tausendstel,
  Tausendstel**
  vgl. hundert, Hundert, hundertstel,
  Hundertstel
Tb-krank, Tbc-krank
T-Bone-Steak
Teamwork
Tearoom
Teenie, Teeny
Teil
  teils; des Teils; teilhaben, ...nehmen
Teilzeit
  [in] Teilzeit arbeiten
Teint
Telefon
Telegrafie, Telegraphie

Telepathie
tendenziell
Terrain
Terrasse
Territorium
Tete-a-tete, Tête-à-tête
Therapie
thermoelektrisch
Think-Tank, Thinktank
Thorax
Thrombose
Thron
Thunfisch, Tunfisch
Tiebreak, *auch* **Tie-Break**
tief
  tief atmen, empfinden; tief empfun-
  den, tiefempfunden; tief gehend,
  greifend; tiefgehend, ...greifend; tief-
  blau, ...ernst, ...gekühlt; tieffliegen,
  ...gefrieren, ...stapeln; aufs Tiefste/
  tiefste bedauern
Time-out
Timesharing
Tipp
tipptopp
Tirade
todernst, todkrank, todmüde
  aber totgesagt, totschießen
Tohuwabohu
Tokaier, Tokajer
Tollpatsch
Tomographie, Tomografie
  (bei Siemens mit ph)
Tonic[water]
Tonnage
Top *(Kleidungsstück), aber* **Topp**
  (Mastspitze)
topfit
topless
Topografie, Topographie
topsecret
Top Ten
Tortelett, Tortelette
tot
  tot geboren, totgeboren; tot sein;
  totfahren, ...schlagen; totsagen,
  ...schweigen; sich totlachen, ...laufen
touchieren
Tournee
Trafik, Trafikant
Trance

tranchieren, transchieren
transatlantisch
transzendent, Transzendenz
träufeln
Travellerscheck
Trekking, Trecking
Trendsetter
Trense
treu
 treu bleiben; treu ergeben, treuer-
 geben; treuherzig
Triathlon
Trikotage
Trilliarde, Trillion
Trimm-dich-Pfad
Trip
trippeln *(mit kleinen Schritten laufen),*
 aber dribbeln *(im Sport)*
Triptychon
Tristesse
Triumph
trivial
trocken
 trocken reiben, trockenreiben;
 [sich] trocken rasieren; auf dem
 Trock[e]nen sitzen; [seine Schäf-
 chen] ins Trock[e]ne bringen/im
 Trock[e]nen haben
tropfnass
Tross
trüb[e]
 im Trüben fischen
Tsatsiki, Zaziki
tschau, ciao
tschechisch/Tschechisch
 vgl. deutsch/Deutsch
tschilpen, schilpen
tschüs, tschüss
T-Shirt
T-Träger
Tunnel, *österr. auch* Tunell
Turbomotor
türkisch/Türkisch
 vgl. deutsch/Deutsch
Twinset
Typografie, Typographie

U

u. a. *(und andere[s], unter anderem)*
u. Ä. *(und Ähnliches)*

übel/Übel
 übel nehmen, übelnehmen; übelwol-
 len; übel gelaunt, übelgelaunt; übel
 beraten, gesinnt; von/vom Übel
 [sein]
Überdruss
über
 übersetzen *(Text:* übersetzt; *Fähre:*
 setzt über), überfallen, ...legen,
 ...mitteln, ...zeugen; überkochen,
 ...strömen, ...wallen
übereinander
 übereinander lachen, reden, sprechen; übereinanderlegen, ...schla-
 gen, ...stellen
überhandnehmen
Überschuss
überschwänglich
übrig
 übrigbleiben *(keine andere Wahl*
 haben); übrighaben *(mögen);* übrig
 behalten, bleiben, haben, lassen,
 sein; das/alles Übrige, ein Übriges;
 die/alle Übrigen; im Übrigen
u-förmig/U-förmig
Ultima Ratio
um...
 umfahren, ...lernen, ...zingeln
umeinander
 umeinander kümmern, sorgen;
 umeinanderdrehen, ...laufen
umherirren
umhinkommen, umhinkönnen
umso
 umso mehr/weniger
umständehalber
umstehend
 Umstehendes; die Umstehenden, im
 Umstehenden
unbekannt
 ein Verfahren gegen unbekannt;
 nach unbekannt verzogen; ein Unbe-
 kannter
unendlich
 das Unendliche, [bis] ins Unendliche
unerlässlich
unermesslich
 [bis] ins Unermessliche
unfallgeschädigt
ungarisch/Ungarisch
 vgl. deutsch/Deutsch

ungeheuer
das Ungeheure, ins Ungeheure [steigern ...]
ungewiss
das Ungewisse, ins Ungewisse; im Ungewissen bleiben/lassen/sein
ungezählt
Ungezählte [kamen ...]
Ungunst
zuungunsten, zu Ungunsten
Unheil
Unheil bringen, verkünden; Unheil bringend, [ver]kündend; unheilbringend, ...verkündend; großes Unheil verkündend, äußerst unheilverkündend; unheildrohend
unklar
[sich] im Unklaren [befinden/sein]
unmöglich
das Unmögliche, [Mögliches und] Unmögliches
unpässlich
unrecht/Unrecht
unrecht/Unrecht behalten, bekommen, erhalten, geben, haben, tun; [ein] Unrecht leiden, im Unrecht sein, zu Unrecht
unser/Unser
die Uns[e]ren/uns[e]ren, die Unsrigen/unsrigen, das Uns[e]re/uns[e]re, das Unsrige/unsrige; unsereiner, unsereins; unserseits, uns[e]rerseits; uns[e]resgleichen, ...teils; unsersgleichen; unser[e]thalben, ...wegen, ...willen
unten
unten bleiben, stehen; unten erwähnt, genannt, stehend; untenstehend; das unten Erwähnte, das Untenerwähnte; das unten Stehende, das Untenstehende
untereinander
untereinander ausmachen, schreiben; untereinanderschreiben, ...setzen
Unwägbarkeiten
unwiderruflich
unwiederbringlich
unzählig
Unzählige [kamen]
Upperclass

USB-Stick
USD *(Abkürzung für US-Dollar)*
UV-Strahlung

V

Vabanque, va banque
Vabanque spielen, va banque spielen; Vabanquespiel
vakant
Vandalismus, Wandalismus
Vanille, Vanillestange
Varieté, Varietee
Vasall
Velours
verarbeiten
Holz verarbeitende, holzverarbeitende Industrie
verbläuen
verborgen
das Verborgene, im Verborgenen [blühen]
Verdacht [schöpfen]
Verderb
auf Gedeih und Verderb
Verderben bringend, verderbenbringend
Verdikt
verdrießen
Verdruss
vereinzelt
Vereinzelte [kamen]
Vergissmeinnicht
verlässlich
verloren
verloren geben, gehen; verlorengeben, ...gehen; verloren gegeben, gegangen; verlorengegeben, ...gegangen
Vernissage
verrotten
verschieden
Verschiedene [kamen ...], Verschiedenste [kamen ...]; Verschiedenes [war unklar]; Verschiedenstes [war zu hören]
verschleißen (verschliss)
Verschlusskappe
verschüttgehen
Vertrauen
Vertrauen bilden, erwecken; Ver-

trauen erweckend, vertrauenerwe-
ckend, *aber* vertrauensbildend
verwaisen
verweisen [auf, an]
Vibrafon, Vibraphon
Videoclip
viel
viel lesen; viel gelesen, vielgelesen;
viel befahren, vielbefahren, noch
vielbefahrenere Straße; viel beschäf-
tigt, vielbeschäftigt; viel versprechend, vielversprechend; viel sagend,
vielsagend; viele/Viele, vieles/Vieles,
das viele/Viele, die vielen/Vielen; viel-
deutig, vielfach; das Vielfache, um
ein Vielfaches; vielmals, viele Male;
in Vielem, mit Vielem, um Vieles
vier/viertel/vierzig
vgl. acht/achtel/achtzig
die/eine viertel Stunde/Viertelstunde;
in drei viertel Stunden/Viertelstun-
den; Dreiviertelstunde; um viertel
acht; um [ein] Viertel vor acht [Uhr]
vis-a-vis, vis-à-vis
viskos, viskös
Visum, *Pl.* **Visa, Visen**
Vitamin
vitaminhaltig, Vitamin-A-haltig
Vizekanzler
voll
voll arbeiten; [für] voll nehmen *(jemanden; den Mund)*; voll sein; voll
automatisiert, besetzt, entwickelt;
vollautomatisiert, ...besetzt, ...ent-
wickelt; [sich] vollessen, ...schlagen;
vollladen, vollpumpen, volltanken;
vollbringen, ...enden, ...strecken,
...ziehen; volljährig, ...ständig,
...wertig; vollbeschäftigt, ...gültig;
Volllast, Voll-Last; ins Volle [greifen],
aus dem Vollen [schöpfen], in die
Vollen gehen
voneinander
voneinander lernen; voneinander-
gehen
vonseiten, von Seiten
vonstattengehen
vor [allem]
vorangehen
Vorangehendes; das Vorangehende,
im Vorangehenden

voraus
im Voraus, zum Voraus; vorausge-
hen, ...sagen; vorausgehend, das Vor-
ausgehende, im Vorausgehenden;
Vorausgehendes
vorbei
vorbei sein; vorbeifahren
vorher
vorher sagen, sehen, *aber* vorher-
sagen, ...sehen; vorhergehend;
im Vorhergehenden
vorhinein
im Vorhinein
vorig
im Vorigen, der/die/das Vorige
vorliebnehmen
Vormittag/vormittags
vgl. Abend/abends
vornherein
von vorn[e]herein
vornüberbeugen
Vorschuss
Vorteil bringend, vorteilbringend
vorüber
vorüber sein, vorübergehen
vorwärts
vorwärtsblicken, ...gehen
vorwegnehmen
vorzeiten
Voucher
Voyeur

W

waag[e]recht
wach
wach bleiben, sein; wach rütteln,
wachrütteln; wach werden, *aber*
wachwerden, ...rufen *(Erinnerungen)*
Waggon, Wagon
wahr
wahr bleiben, sein, werden; wahr
machen, wahrmachen; wahrnehmen,
...sagen
währenddessen
Waidmann, *auch* **Weidmann**
waidwund, *auch* **weidwund**
Waise *(elternloses Kind), aber* **Weise**
(Musik)
Walkie-Talkie
wallfahren, wallfahrten

Walnuss
Walross
Walstatt
Wandalismus, Vandalismus
warm
[sich] warm laufen, machen; [Essen]
warm halten, machen, stellen *oder*
warmhalten, ...machen, ...stellen;
[mit jemandem] warm werden,
warmwerden; [sich jemanden]
warmhalten; kalt und warm;
warmherzig
Wärme
Wärme spendend, wärmespendend
Wasser
Wasser abweisend; wasserabweisend;
aber nur stark wasserabweisend,
noch wasserabweisender
Website
(*eine* Webseite *ist Bestandteil einer*
Website)
weder
weder ... noch; ein Weder-noch
Weekend
Weg
zuwege/zu Wege [bringen]
weh
weh tun, wehtun; Ach und Weh
weich
weich kochen, klopfen, machen;
weichkochen, ...klopfen, ...machen;
aber [jemanden] weichklopfen,
...machen; weichlöten; weich werden,
weichwerden
Weidmann, *besser* **Waidmann**
weidwund, *besser* **waidwund**
weiß *vgl.* blau
weiß blühen, glühen; weiß streichen,
weißstreichen; weißnähen; [jeman-
den] weißwaschen; aus Schwarz Weiß
machen; das Weiße Haus; die weiße
Fahne; der weiße Sport *(Tennis);* der
Weiße Sonntag; Berliner Weiße
weit/weiter
weit gehen; weit gehend, weitgehend; weiter gehend, weitergehend;
weitherzig, ...weitläufig; weit ge-
reist, weitgereist; weit verzweigt,
weitverzweigt; weit springen, *aber*
weitspringen *(Sport);* weiter gehen
(Entfernung), aber weitergehen *(nicht
aufhören);* das Weite, ins Weite; im/

des Weiteren, ein Weiteres, alles Weitere; ohne weiteres/Weiteres; von/bei
weitem, von/bei Weitem; bis auf wei-
teres/Weiteres
wenig
eine wenig befahrene/wenigbefah-
rene Strecke; ein wenig; wenige/We-
nige, die wenigen/Wenigen, die we-
nigsten/Wenigsten, weniges/Weni-
ges, das wenige/Wenige, das we-
nigste/Wenigste
werktags
aber des/eines Werktags
wertschätzen
wesentlich
im Wesentlichen; das Wesentliche
Whisky, *aber* **Whiskey** *(irischer*
Whisky)
wichtig
wichtig nehmen, wichtig sein;
[sich] wichtigmachen, ...tun
wider
das Für und Wider; widerlegen,
...sprechen, ...hallen; widerspenstig,
...wärtig; widereinander *(gegenein-*
ander); widereinanderstoßen
widerlich
Widersacher
wieder
im Sinne von erneut: wieder bekommen, grüßen, herstellen, holen,
sehen; wieder beleben *(Wirtschaft);*
sonst: wiederbekommen *(zurück),*
wiederbeleben *(Mensch),* wieder-
grüßen *(als Antwort),* wiederherstel-
len *(reparieren),* wiederholen *(noch*
einmal machen); wiederaufarbeiten,
...aufbereiten, ...auferstehen,
...käuen, ...kehren; *außerdem:* wieder
aufnehmen, einstellen, eröffnen;
wiederaufnehmen, ...einstellen,
...eröffnen
Wiedersehen
jemandem auf/Auf Wiedersehen
sagen
wieso
wie viel
wie viel[e] Steine, wie viele Male, wie
viel mehr, wie viel mal
wild
der Wilde Westen; wild lebend, wild-

lebend; wild wachsend, wildwachsend

Wildbret
Wille/willen
guten Willens, zu Willen; um [der Eltern] willen; willens sein
Wirrwarr
wissen
etwas wissen lassen, wissenlassen
Wismut
woanders, woandershin
wo...
wobei, wodurch, wofür, wogegen, woher, woherum, wohin, wohinauf, wohinaus, wohinein, wohingegen, wohinter, wohinunter, womit, wonach, wovon, wovor
wohl
wohl dosiert, durchdacht, erzogen; wohldosiert, ...durchdacht, ...erzogen, ...überlegt; sich wohlfühlen, [es mag ihr] wohlergehen; wohlwollen, wohlwollend; wohlanständig, ...behalten, ...feil, ...gelitten, ...habend, ...verdient, ...weislich
Wollust
woraufhin
Workaholic
Workout, Work-out
Workshop
Wrack
wund
wund laufen, liegen; wundlaufen, ...liegen
Wunder
Wunder was [glauben], was Wunder[, wenn], Wunder was; wundernehmen; wunders
wusste, gewusst (*zu* wissen)

X

x-Achse
X-Beine, x-beinig, X-beinig
x-beliebig
X-Chromosom
x-fach
x-förmig, X-förmig
x-mal
x-te
der x-te Termin, zum x-ten Mal[e]

Y

y-Achse
Yacht, Jacht
Yak, Jak
Y-Chromosom
Yellow Press
Yeti
Yoga, Joga
Youngster
Yuppie

Z

zäh fließen, zähfließend
Zähheit
Zahlen *vgl.* acht
zahllos, Zahllose
zahlreich, Zahlreiche
zart
zart fühlend, zartfühlend; zartbesaitet; zartblau
Zäsium, Caesium, Cäsium
Zaziki, Tsatsiki
z. B. = zum Beispiel
zehn/zehntel
vgl. acht/achtel
Zeit/zeit
zeit seines Lebens, zeitlebens; eine Zeitlang/Zeit lang; zurzeit, *aber* zur Zeit [Dürers]; zuzeiten, *aber* zu Zeiten [Dürers]; zeitlebens, zeit [seines] Lebens; Zeit raubend, sparend, vergeudend; zeitraubend, ...sparend, ...vergeudend
zellular, zellulär
Zelluloid, Celluloid
Zellulose, Cellulose
Zepter, österr. Szepter
zickzack
im Zickzack
Zierrat
zigtausende, Zigtausende [kamen]
Zinnober
zirka, circa
zirkular, zirkulär
Zirkus, Circus
zirzensisch
Zither
zittern
mit Zittern und Zagen

Zoll
zollbreit; [keinen] Zoll breit/Zoll-
breit [zurückweichen]
zu
zu hoch, oft, viel[e]; zu Ende, zu Fuß;
zu Hause, zuhause; das Zuhause;
zu Hilfe [kommen]; zu Lande, zu
Wasser; hier zu Lande, hierzulande;
zuzeiten, *aber* zu Zeiten [Dürers]
zuallererst, zuallerletzt, zualler-
meist
Zucchini, *Sing.* **Zucchino**
zu eigen [nennen/geben/machen]
zueinander
zueinander finden, passen; zuein-
anderfinden, ...passen
zuerst
zufolge
zufrieden
zufrieden machen; zufriedengeben,
...lassen; zufrieden stellen, zufrie-
denstellen
zugegebenermaßen
zugrunde/zu Grunde [gehen/richten]
zugunsten/zu Gunsten
zugutehalten, ...kommen
zuhauf
zuhause/zu Hause [bleiben]
zuhinterst
zulasten/zu Lasten [von]
zuleide/zu Leide [tun]
zuletzt
zuliebe
zumal
zumeist
zumindest
zumute/zu Mute [sein]
zunächst
zunichte
zunichtemachen, ...werden
zunutze/zu Nutze [machen]
zuoberst
zupass[e]kommen
zurande/zu Rande [kommen]
zurate/zu Rate [ziehen]
zurecht
zurechtrücken
zurück
zurück sein, zurückfahren

zurzeit
aber zur Zeit Dürers
zusammen
zusammen sein; zusammen sitzen,
zusammensitzen; zusammenfassen,
...fügen, ...gehören, ...laufen, ...neh-
men, ...sammeln, ...stehen, ...woh-
nen; das Zusammensein
zuschanden/zu Schanden [machen]
zuschulden/zu Schulden [kommen
lassen]
Zuschuss
zustande/zu Stande [bringen, kom-
men]
das Zustandekommen
zustattenkommen
zutage/zu Tage [treten]
zuteilwerden
zutiefst
zuungunsten/zu Ungunsten
zuunterst
zu viel
zu viel des Guten, zu viel gewusst;
das/ein Zuviel
zuvorkommen
zuwege/zu Wege [bringen]
zuweilen
zu wenig
zu wenig wissen, zu wenige Fahr-
karten; das/ein Zuwenig
zuwiderhandeln
zuzeiten, *aber* **zu Zeiten** [Dürers]
zuzüglich, *Abk.* **zzgl.**
zwanzig *vgl.* achtzig
zwei *vgl.* acht
der Zweite Weltkrieg
zweifach
vgl. achtfach
zweimal
Zwetsche, Zwetschge, Zwetschke
zwischenfinanzieren, ...landen
zwölf *vgl.* acht
zwölftel *vgl.* achtel
Zyklon
Zylinder
Sechszylinder[motor]
Zypresse
zz., zzt. = zurzeit
z. Z., z. Zt. = zur Zeit
zzgl. = zuzüglich

3 Die Korrekturzeichen

Korrekturzeichen dienen dazu, dass zwei sich verstehen – diejenigen, die Korrekturen in Manuskripte oder Korrekturumbrüche eintragen, und diejenigen, die sie ins elektronische Dokument einarbeiten. Sogar wenn Sie ihre eigenen Korrekturen ausführen, ist es im Normalfall leichter für Sie, wenn Sie vorher die bewährten Korrekturzeichen verwendet haben. Die Verwendung der in DIN 16511 genormten Zeichen spart normalerweise Zeit und Geld und erhöht die Sicherheit, dass wirklich alle Korrekturen erkannt und dann auch richtig ausgeführt werden.

Bevor Sie Zeit zum Nachdenken vergeuden, schauen Sie also nach, welche Korrekturzeichen zu verwenden sind. In diesem Kapitel finden Sie nicht alle Korrekturzeichen, aber alle diejenigen, die Sie normalerweise benötigen. Das Kapitel ist zum großen Teil in Anlehnung an die Norm erstellt. Um die Übersichtlichkeit zu erhöhen, haben wir allerdings eine andere Reihenfolge und neue Formulierungen gewählt.

Grundregeln

Grundsätzlich gilt für alle Korrekturen:

• Jedes eingetragene Korrekturzeichen ist am Rand zu wiederholen, sofern das Korrekturzeichen nicht für sich selbst spricht.

• Das an den Rand Geschriebene sollte möglichst direkt neben den betreffenden Textzeilen stehen, in denen die Korrektur anzubringen ist, und muss in seiner Reihenfolge den Korrekturen im Text entsprechen.

• Erklärende Vermerke zu einer Korrektur sind in Doppelklammern zu setzen.

• Wenn nichts anderes vereinbart ist, sind alle Korrekturen in Farbe anzubringen (z. B. in Rot).

Wichtige Korrekturzeichen

———— halbfett
⌐——8pt ～～～

1. *Andere Schrift* gibt man an, indem man die betreffende Stelle unterstreicht und am <u>Rand</u> die gewünschte Schriftart oder ⌐Größe angibt. Gewünschte <u>Kursiv-schrift</u> können Sie durch eine Wellenlinie unter der betreffenden Textpassage angeben.

|e
⌐R ⌐m
⌐n ⌐n
⌐s
⌐d ⌐m
⌐z
⌐⌐⌐e

|ℓ «3x»

2. *Falsche Buchstaben* streichen Sie durch und ersetzen sie am Rand durch die richtigen. Kommen in einer Zeile mehrere Fehler vor, erhalten sie nach ihrer Reihenfolge unterschiedliche Zeichen. Auch ist es empfehlenswert, in aufeinanderfolgenden Zeilen nicht immer die gleichen Korrekturzeichen zu verwenden.

3. Kommt der *gleiche Fehler* öfter vor, wiederholen Sie das Korrekturzeichen am Rand. Es ist auch üblich, in einem solchen Fall die Zahl der Korrekturen in Doppelklammern anzugeben.

|ei
|ᔕ

4. *Falsche Trennungen* sind nicht nur am Ende der Zeile, sondern auch am folgenden Zeilenanfang anzuzeichnen.

|ᔕ⌣
|ᔕ z

5. Ist nach *Streichung eines Zeichens* die Schreibung der verbleibenden Teile zweifelhaft, dann ergänzen Sie das Tilgungszeichen bei Zusammenschreibung mit einem Doppelbogen, bei Getrenntschreibung durch das Zeichen z , z. B. bei per-se.

|ge ⌐nd

6. *Fehlende Buchstaben oder Satzzeichen* zeichnen Sie an, indem Sie den vorangehenden oder folgenden Buchstaben durchstreichen und am Rand gemeinsam mit dem fehlenden wiederholen. Sie können auch das ganze Wort durchstreichen und auf dem Rand berichtigen.

H Wort

7. *Fehlende Wörter oder Textpassagen* machen Sie durch Winkelzeichen kenntlich und geben ⌐ ergänzt werden muss.

⌐auf dem
Rand an, was

8. *Überflüssige Buchstaben, Wörter oder Satzzeichen* streichen Sie durch und bezeichnen Sie auf dem Rand mit dem dem Zeichen für „deleatur".

|ᔕ
И ᔕ

9. *Verstellte Buchstaben* streichen Sie durch und geben sie auf dem Rand in der richtigen Reihenfolge an. *Verstellte Wörter* kennzeichnen Sie das durch Umstellungszeichen, bei größeren Umstellungen Wörter die beziffern Sie. *Verstellte Zahlen* wie 7411 sind immer ganz durchzustreichen und am Rand richtig zu wiederholen.

10. Sind *Manuskriptstellen (noch) zweifelhaft oder unleserlich*, dann geben Sie oder der Layouter eine Blockade an, z. B. bei „Diamanten vor die Säue werfen".

11. *Fehlenden Wortzwischenraum* geben Sie mit diesem Zeichen an, zu *weiter Zwischenraum* wird so, zu *enger Zwischenraum* so gekennzeichnet. Soll ein *Zwischenraum ganz wegfallen*, dann deuten Sie das durch zwei Bögen an.

12. *Nicht Linie haltende Stellen* zeichnen Sie durch über und unter der Zeile gezogene parallele Striche an.

13. *Fehlender Durchschuss* ist durch einen Strich mit nach außen offenem Bogen anzuzeigen.

14. *Zu großer Durchschuss* ist durch einen Strich mit nach innen offenem Bogen anzuzeigen.

15. Einen *neuen Absatz* kennzeichnen Sie mit dem folgenden Zeichen. Das *Anhängen eines Absatzes* verlangen Sie mit diesem Zeichen,

das die beiden Textteile verbindet.

16. Zu tilgender Einzug erhält einen abgeschlossenen Strich,

fehlender Einzug ist möglichst exakt anzugeben.

17. *Aus Versehen falsch Korrigiertes* machen Sie rückgängig, indem Sie die Korrektur auf dem Rand durchstreichen und Punkte unter die fälschlich korrigierte Stelle setzen. Bitte nicht radieren!

4 Shortcuts für Microsoft Word

Wenn Sie häufig mit dem Textverarbeitungsprogramm Word arbeiten, empfiehlt es sich, einige Kommandos nicht mit der Maus auszuführen, sondern über die Tastatur. Für das Schreiben von Texten bietet Microsoft Word eine Vielzahl von Formatierungsfunktionen, um den Text auch in eine ansprechende Form zu bringen. Um sich all diese Funktionen zu Nutze zu machen, muss man sich durch verschiedene Pull-Down-Menü-Ebenen klicken. Doch es geht auch einfacher: Tastaturkombinationen, sogenannte Shortcuts, können das Arbeiten erheblich beschleunigen. Im Folgenden ist (auf der Basis von Word 2000/2003) eine Auswahl der Shortcuts zusammengestellt, die man für normale Word-Anwendungen am häufigsten braucht. Wir haben versucht, die Befehle und zugehörigen Shortcuts möglichst logisch zu gruppieren, so dass sie für Sie leicht auffindbar sind. Bei unserer Auswahl haben wir versucht, den Überblick so einfach wie möglich zu halten.

Viel Spaß beim Arbeiten mit Shortcuts!

Allgemeines		
	Die letzte Aktion rückgängig machen	STRG+Z
	Die letzte Aktion wiederholen	STRG+Y
	Befehl abbrechen	ESC
	Rechtschreibung prüfen	F7
	Thesaurus (Synonymvorschläge) aufrufen	UMSCHALT+F7
	Fenster teilen	ALT+STRG+S
	Zeilenwechsel	UMSCHALT+ENTER
	Neue Seite	STRG+ENTER
	Neuer Absatz	ENTER
	Suchen	STRG+F
	Ersetzen	STRG+H
	Gehe zu	STRG+G
	Textmarke setzen	STRG+UMSCHALT+F5

Shortcuts einer Taste zuordnen	ALT+STRG++ (auf Zehnertastatur)
AutoText erstellen	ALT+F3
Wechseln: Layout-Ansicht	ALT+STRG+L
Wechseln: Gliederungsansicht	ALT+STRG+G
Wechseln: Normalansicht	ALT+STRG+N
Drehen der Bildschirmansicht um 180°	STRG+ALT+↑/↓

Bemerkung: Wenn Sie hier die Umschalttaste weglassen, springt der Cursor ohne Zeichenmarkierung an die entsprechende Stelle.

Markieren von Text und Grafiken

Ein Zeichen nach rechts	UMSCHALT+→
Ein Zeichen nach links	UMSCHALT+←
Wortende	STRG+UMSCHALT+→
Wortanfang	STRG+UMSCHALT+←
Zeilenanfang	UMSCHALT+POS1
Zeilenende	UMSCHALT+ENDE
Eine Zeile zusätzlich nach oben	UMSCHALT+↑
Eine Zeile zusätzlich nach unten	UMSCHALT+↓
Absatzanfang	STRG+UMSCHALT+↑
Absatzende	STRG+UMSCHALT+↓
Ein Fenster nach oben	STRG+BILD↑
Ein Fenster nach unten	STRG+BILD↓
Bis zum Dokumentanfang	STRG+UMSCHALT+POS1
Bis zum Dokumentende	STRG+UMSCHALT+ENDE
Gesamter Text	STRG+A

Schnelles Markieren mit F8

Aktuelles Wort	Erneutes Drücken von F8 nach Aktivierung
Aktueller Satz	F8 zum dritten Mal
Aktueller Absatz	F8 zum vierten Mal
Gesamtes Dokument	F8 zum fünften Mal
Bis zu einer bestimmten Stelle im Dokument	F8, PFEILTASTEN
Vertikaler Textblock	STRG+UMSCHALT+F8, PFEILTASTEN
Rückgängigmachen einer vorgenommenen Markierung	UMSCHALT+F8
Beenden der „erweiterten Markierungsmöglichkeiten"	ESC

Zeichen-formatierung	*Bemerkung:* Die meisten dieser Formatierungen können Sie durch die gleichen Shortcuts auch wieder rückgängig machen.	
	Menü Format/Zeichen aufrufen	STRG+D
	Fett	STRG+UMSCHALT+F
	Kursiv	STRG+UMSCHALT+K
	Unterstreichen (m. Leerzeichen)	STRG+UMSCHALT+U
	Unterstreichen (o. Leerzeichen)	STRG+UMSCHALT+W
	Doppelt unterstreichen	STRG+UMSCHALT+D
	Kapitälchen	STRG+UMSCHALT+Q
	Normal (Grundschrift)	STRG+UMSCHALT+Z
	Hochstellen	STRG++
	Tiefstellen	STRG+#
	Groß-/Kleinbuchstaben/Wortbeginn in Großbuchstaben	UMSCHALT+F3
	Großbuchstaben	STRG+UMSCHALT+G
	Vergrößern um 1 Punkt	STRG+9
	Verkleinern um 1 Punkt	STRG+8
	Verborgen	STRG+UMSCHALT+H
	Zuweisen der Schriftart „Symbol"	STRG+UMSCHALT+B

Springen und Markieren in einer Tabelle	Tabstop in einer Zelle	STRG+TAB
	Springen in nächste Zelle	TAB
	Springen in vorherige Zelle	UMSCHALT+TAB
	Markieren einer Zelle	LINKE MAUSTASTE (in Zelle links)
	Markieren weiterer Zellen	UMSCHALT+PFEILTASTEN
	Markieren einer Spalte	LINKE MAUSTASTE (oberer Rand)
	Markieren einer Zeile	LINKE MAUSTASTE (linker Rand)
	Gesamte Tabelle	ALT+5 (auf Zehnertastatur, bei deaktivierter NUM-Taste)

Absatz-formatierung	Zeilenabstand vor Absatz einfügen/entfernen	STRG+0 (NULL)
	Zentrieren	STRG+E
	Blocksatz	STRG+B
	Linksbündig	STRG+L
	Rechtsbündig	STRG+R

Einzug links vergrößern	STRG+M
Einzug links verkleinern	STRG+UMSCHALT+M
Hängender Einzug (je Tastenklick)	STRG+T
Hängenden Einzug entfernen (je Tastenklick)	STRG+UMSCHALT+T

AutoFormat starten	STRG+J	Formatvorlagen
Formatvorlage	STRG+UMSCHALT+S	
Formatvorlage Standard zuweisen	STRG+UMSCHALT+N	
Überschrift 1	ALT+1	
Überschrift 2	ALT+2	
Überschrift 3	ALT+3	

Aufzählungszeichen zuweisen	STRG+UMSCHALT+L	Listen

Wort links vom Cursor löschen	STRG+RÜCKTASTE	Löschen
Wort rechts vom Cursor löschen	STRG+ENTF	

Text in Zwischenablage sammeln	STRG+F3	Ausschneiden
Ausschneiden	STRG+X	

Text oder Grafiken	STRG+C	Kopieren
Formatierungen	STRG+UMSCHALT+C	

Text oder Grafiken	F2, dann an neuer Cursor-Position: ENTER	Verschieben

Text oder Grafiken	STRG+V	Einfügen
Formatierungen	STRG+UMSCHALT+V	
Sammlungsinhalt der Zwischenablage	STRG+UMSCHALT+F3	
AutoText-Eintrag aufrufen	Erste Zeichen, ENTER	

Copyright	ALT+STRG+C	Wichtige Sonderzeichen
Eingetragene Marke	ALT+STRG+R	
Marken-Symbol	ALT+STRG+T	

	Gedankenstrich	STRG+- (auf Zehnertastatur bzw. mit Fn)
	Trennstrich, bedingt	STRG+BINDESTRICH
	Trennstrich, geschützt	STRG+UMSCHALT+BINDESTRICH
	Leerzeichen, geschützt	STRG+UMSCHALT+LEERTASTE
	Auslassungspunkte	ALT+STRG+PUNKT
	@-Zeichen in E-Mail-Adressen	ALTGR+Q (STRG+ALT+Q)
Querverweise	Inhaltsverzeichniseintrag	ALT+UMSCHALT+O
	Indexeintrag	ALT+UMSCHALT+X
	Fußnote	ALT+STRG+F
Dokument	Neu	STRG+N
	Öffnen	STRG+O
	Speichern	STRG+S
	Speichern unter	F12
	Drucken	STRG+P
	Schließen	STRG+W
	Beenden	ALT+F4
	Mehrere geöffnete Dokumente:	
	nächstes Fenster	STRG+F6
	vorheriges Fenster	STRG+UMSCHALT+F6
Felder einfügen	DATUM	ALT+UMSCHALT+D
	ZEIT	ALT+UMSCHALT+T
	SEITE	ALT+UMSCHALT+P
	Leeres Feld	STRG+F9
	Feld aktualisieren	F9
Arbeiten mit Webseiten	Hyperlink einfügen	STRG+J
	Vorherige Seite	ALT+←
	Nächste Seite	ALT+→
	Aktualisieren	F9

5 Tipps für die Grafikerstellung mit Microsoft PowerPoint

In den letzten Jahren hat es sich immer mehr ergeben, dass Autoren – völlig egal für welches Medium sie schreiben – ihre Grafiken nicht mehr mit einem professionellen Grafikprogramm erstellen, sondern mit MS PowerPoint. Das ist durchaus verständlich, schließlich kennen sie sich mit diesem Programm relativ gut aus, da sie es sowieso für Präsentationen benutzen. Allerdings liegt hier auch oft ein Problem: Viele Grafiken wurden ursprünglich für Präsentationen erstellt und sind für gedruckte Veröffentlichungen kaum geeignet.

Wir möchten hier einige Hinweise geben, wie Sie mit PowerPoint so arbeiten können, dass sich am Ende zufriedenstellende Grafiken ergeben, die auch für Printpublikationen geeignet sind und minimal oder gar nicht nachbearbeitet werden müssen. Es geht uns nicht darum, Ihnen einen PowerPoint-Lehrgang zu bieten, sondern wir wollen Sie nur auf Dinge hinweisen, die sehr oft falsch gemacht werden oder die man ein wenig besser machen kann. Beginnen wir mit dem Projektmanagement, nämlich den Dateinamen.

Ob Sie jede Grafik in einer separaten Datei anlegen oder alle Grafiken in einer Datei erstellen, sollten Sie mit denjenigen Personen klären, die für die Weiterverarbeitung Ihrer Grafiken zuständig sind. Wenn alle Grafiken in einer Datei zusammengefasst sind, ist der Dateiname ziemlich egal, wenn aber jede Grafik in einer Datei angelegt ist, dann sollte der Dateiname unbedingt die Nummer der Grafik enthalten, und zwar die Nummer, unter der die Grafik auch im Text zitiert ist. Optimal ist es nach unserer Erfahrung, einfach die Bildnummer anzugeben und einen Kurztitel, zum Beispiel „11_Alterspyramide". Zusätze wie „Bild" oder „Abbildung" sind unnötiger Ballast. Allerdings sortiert zum Beispiel der Microsoft Explorer nach den Anfangsbuchstaben, deshalb sollten – zum Beispiel

Dateinamen

bei maximal 99 Bildern – die ersten neun Bilder mit „01_..." bis „09_..." bezeichnet werden.

Wenn Sie den Dateinamen ein Datum beifügen wollen, dann tun Sie es am besten in der Reihenfolge JahrMonat-Tag, also zum Beispiel 071231, dann werden Ihre Dateien immer gut sortiert auf dem Bildschirm aufgelistet.

Folienmaster Hintergründe, die für eine Präsentation verwendet werden, zum Beispiel mit Autoren- oder Datumsangaben, haben in Grafikdateien für Printprodukte in der Regel nichts zu suchen. Also löschen Sie bitte die Hintergründe aus Ihren Folien, es sei denn, sie sind für die einzelnen Grafiken inhaltlich relevant.

Größe der Grafiken Es gibt normalerweise keinen vernünftigen Grund, eine PowerPointgrafik nicht in der Größe anzulegen, in der sie später abgebildet wird. Es gibt aber viele vernünftige Gründe, sie gleich in der richtigen Größe zu gestalten. Der erste Grund ist, dass sie ausdruckt fast so aussieht, wie sie später abgebildet werden soll. Wird Ihre Grafik später an Ihrem Drucker ausgedruckt, sieht sie sogar exakt so aus. Der zweite Grund ist, dass Sie bei 100-Prozent-Ansicht am Bildschirm einen ziemlich genauen Eindruck von der Wirkung Ihrer Grafik bekommen: What you see is what you get!

Natürlich müssen Sie den möglichen Platz nicht unbedingt ausnutzen. Gestalten Sie also nicht nach dem Motto „ich habe ja genug Platz", sondern nach ästhetischen Aspekten.

Damit Sie vorgegebene Maße für die Gestaltung der Grafik einhalten, zum Beispiel die Satzbreite, können Sie sich die Seite benutzerdefiniert in der richtigen Größe einrichten oder Sie legen sich zur der Bearbeitung einen Folienmaster mit Hilfslinien oder -feldern an, den Sie nach der Grafikerstellung wieder löschen.

Farben und Effekte Wenn Ihre Grafiken farbig abgebildet werden, können Sie natürlich mit Farben arbeiten, aber Vorsicht: Verwenden Sie keine zu intensiven Farben, sonst werden Ihre Informationen von der Gestaltung erschlagen. Farbverläufe sehen oft in Präsentationen gut aus, in gedruckten Veröffentlichungen umso weniger. Seien Sie also ganz sparsam mit Effekten, nutzen Sie möglichst keine Schatten oder 3D-Effekte. Verläufe sind meistens nur sinnvoll, wenn sie eine inhaltliche Aussage unterstreichen („von alt nach neu", „von unwichtig zu wichtig"...).

Transparenzeffekte sollten Sie ebenfalls nicht verwenden, weil sie in der Herstellung oft zu Problemen führen; bei der Umsetzung Ihrer Datei für den Druck werden sie unter Umständen von den verwendeten Programmen gar nicht erkannt.

Oft stellt sich die Frage nach der Verwendung von Farbe gar nicht erst, weil Ihre Grafiken sowieso nur schwarzweiß abgebildet werden. Verwenden Sie vorhandene Bilder, die bisher in Farbe angelegt waren, empfiehlt es sich, die farbigen Flächen in Grauflächen umzuwandeln, denn dann sehen Sie auch ungefähr, wie die Grafiken im Druck wirken. Auch hier gilt, kein zu intensives Grau verwenden. Deshalb sollten Sie für Grauflächen unter „Farben Standard" kein dunkleres Grau als die sechste oder siebte Wabe verwenden. Wenn Sie nur einen Grauton brauchen, ist die zweite oder dritte Wabe (die große weiße auf der linken Seite nicht mitgezählt) eine gute Wahl. Grauraster

Wenn Sie mehrere Graustufen brauchen, sollten Sie auf ausreichenden Kontrast achten, also zum Beispiel die zweite und die vierte Wabe verwenden statt zweier nebeneinanderliegender. Das geht aber nur bis zu drei Graustufen, wenn Sie mehr Stufen brauchen, dann müssen Sie doch auf die nebeneinanderliegenden Waben zugreifen.

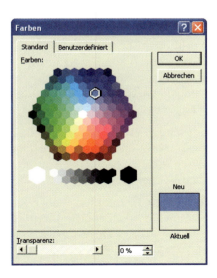

Textfelder Die meisten Felder in Grafiken enthalten Text. Es bedeutet viel Arbeit für Layouter, wenn er von Ihnen eine Grafik bekommt, in der im Hintergrund Objekte angelegt sind (Rechtecke, Ellipsen, Pfeile...), auf denen sich ein Textfeld befindet. Es geht in diesem Fall viel einfacher: Sie können Ihre Elemente entweder gleich als Textfelder anlegen oder bestehende Objekte in Textobjekte umwandeln. Einfach anklicken, dann „Bearbeiten Textobjekt" wählen und schon können Sie in die Objekte hineinschreiben.

Und auch hier gilt natürlich: „nicht zu komplex machen". Einfach gestaltete Textfelder lassen sich besser lesen als Texte in komplizierten Formen.

Beim Anlegen der ersten Textfelder sollten Sie auch eine Grundsatzentscheidung treffen: Sollen die Texte oben in den Feldern stehen, unten oder mittig? Sollen Sie linksbündig sein, zentriert oder etwa rechtsbündig? Von begründbaren Ausnahmen abgesehen, sollten Sie sich immer an diese Grundsatzentscheidung halten. Wenn Sie mit einem Redakteur oder Lektor zusammenarbeiten, sollten Sie ihm ein paar Mustergrafiken schicken, dann wird er Ihnen einen Tipp geben, ein „okay" oder er wird gerne für Sie entscheiden.

Und noch eine zweite Grundsatzentscheidung ist nötig: Sollen alle Textfelder mit Großbuchstaben beginnen – „vermeidbare Fehler" oder „Vermeidbare Fehler"? Das ist zum einen eine Frage der Ästhetik, aber auch eine Frage dessen, wofür die Grafiken verwendet werden.

Ränder, Wie sieht das optimale Feld aus? Mit fettem schwarzem
Linien, Pfeile Rand wirkt alles etwas traurig, mit schmalem Rand wird's besser, mit fettem, dunkelgrauem Rand ist's vielleicht auch in Ordnung. Ganz elegant wirken graue Felder ohne Rand (siehe hierzu auch Kapitel 9.5).

Für Linien und Pfeile mit langen Linien gilt das Gleiche wie für Ränder: Fein und schwarz oder etwas fetter und grau. Die Pfeilspitzen sollten nicht zu breit angelegt sein, damit sie möglichst elegant wirken.

Für textgefüllte Pfeile oder für breite Infopfeile haben Sie viele Möglichkeiten. Sie können ähnlich angelegt werden wie Textfelder, sollten nicht zu dunkel sein (sonst schaut man auf der Seite des fertigen Dokuments nur auf den

Pfeil oder die Pfeile). Für besondere Effekte kann man sie auch mal negativ anlegen, mit einem dunkleren Grauton und weißer Schrift.

Wo Elemente eines Bildes einander berühren sollen, ist besondere Vorsicht geboten. Berühren heißt „exakt aneinanderstoßen und nicht überschneiden". Wenn das in der 100-Prozent-Darstellung nicht zu erkennen ist, kann man sich die Grafik in bis zu 400 Prozent anschauen und ganz einfach mit der Tastenkombination ALT + LINKE MAUSTASTE für die nötige Präzision sorgen.

Grafiken wirken nur gut, wenn die Proportionen stimmen. Das heißt: nicht zu viel freie Fläche in Textfeldern, aber ausreichender Rand um die Textelemente, so dass sie nicht „an die Ränder" stoßen. Das heißt auch: nicht zu viel freie Flächen zwischen den Objekten, aber genug, dass sie sauber getrennt sind. Es bedeutet auch, keine oder wenige unterschiedliche Linienstärken zu verwenden.

Proportionen

Textfelder mit gleicher inhaltlicher Bedeutung sind gleich groß anzulegen, auch wenn sie mit unterschiedlichen Textmengen gefüllt sind. Objekte von identischer Wichtigkeit sind ebenfalls gleichartig anzulegen. Was wichtig oder übergeordnet ist, kann dunkler sein oder größer. Eine Pfeilspitze muss in einem gesunden Verhältnis zur Stärke des Pfeilschafts gestaltet sein.

Zum Thema Proportionen gehören auch die Schrifttypen, Schriftgrößen und ihre Auszeichnung. Seien Sie sparsam mit unterschiedlichen Schriftgrößen. Versuchen Sie, Ihre Grafiken so zu gestalten, dass Sie mit zwei oder maximal drei unterschiedlichen Schriftauszeichnungen auskommen. Keine Information ist so komplex, dass das nicht möglich wäre. Wenn Sie die Größe von 8 Punkt als Grundschrift in den Bildern nutzen, können Sie bei drei Informationsebenen zum Beispiel 10 Punkt fett, 8 Punkt fett und 8 Punkt normal nutzen.

Schriften

Wir empfehlen für die meisten Grafiken serifenlose Schrift, weil sie erstens optimal zur Sprache von Kästchen, Feldern und Linien passt, weil sie zweitens in Grafiken gut zu lesen ist und weil sie drittens einen wohltuenden Kontrast zu den für Fließtext besser geeigneten Serifenschriften bildet.

Arial ist inzwischen schon fast Standard für Grafiken geworden. Sie bietet zum einen den Vorteil, dass sie kaum Probleme beim Wechsel zwischen den Welten der PCs und der Macs (mit denen die meisten Layouter arbeiten) bereitet, zum anderen ist sie auch gut für die Darstellung auf dem Bildschirm und im Internet geeignet. Außerdem gibt es dazu passend die Arial Narrow, mit der man viel Text auf wenig Platz unterbringen kann. Für wen diese Dinge keine Rolle spielen, der kann seine Grafiken mit Schriften wie der Helvetica, Frutiger, Univers usw. vielleicht noch ein wenig eleganter gestalten. Doch denken Sie daran: *In der Einfachheit und Übersichtlichkeit der Gestaltung liegt die wahre Kraft einer Grafik!*

6 Arbeiten mit „Suchen und Ersetzen"

Suchen und Ersetzen gehört zu unseren Lieblingsfunktionen bei Word. Wendet man es konsequent an, kann man damit viel Zeit sparen und Schreibweisen und Begriffe systematisch optimieren. Auch als „Sprungfunktion" ist Suchen und Ersetzen sehr geeignet: Irgendwo im Manuskript war doch ein ganz wichtiger Satz, aber wo? Ach ja, in der Nähe stand das Wort „Lieblingsfunktionen" – danach lässt sich einfach suchen, dann findet man auch den gewünschten Satz.

Aber das klassische Einsatzgebiet von Suchen und Ersetzen ist die Korrektur oder das Austauschen von Begriffen. Starten wir mit einem ganz aktuellen Ersetzungsbeispiel:

Ein „t" soll durch ein „z" ersetzt werden, und zwar bei dem Wort „Differential". t → z

Wenn wir sicher wissen, dass „ential" nur in diesem einen Wort vorkommt und dieses Wort nie gebeugt wird, ersetzen wir einfach „ential" durch „enzial". Wenn wir uns nicht so sicher sind, sollten wir keinesfalls „Alle ersetzen" verwenden, sondern von einem Treffer zum nächsten springen und jeden kontrollieren.

Wenn wir wissen, dass „ential" auch in anderen Wörtern vorkommt (zum Beispiel in „High Potentials"), dann suchen wir besser nach „Differential". Dabei dürfen wir nicht „Nur ganzes Wort suchen" anklicken, sonst übersehen wir Formen wie „Differentials". Also Vorsicht!

Wenn wir wissen, dass „Differential" immer als „semantisches Differential" verwendet wird, dann wird es richtig kompliziert, aber dann kommen auch die Stärken von Suchen und Ersetzen voll zur Geltung. Wir ersetzen „semantisches Differential" durch „semantisches Differenzial", „das semantische Differential" durch „das semantische Differenzial", „des semantischen Differentials" durch „des semantischen Differenzials", „dem semantischen Differential" durch „dem semantischen Differenzial", „semantische Differentiale" (falls es diese überhaupt gibt, aber hier geht es ja um ein einprägsames Beispiel) durch „semantische Differenziale", „die semantischen Differentiale" durch „die semantischen Differenziale", „der semantischen Differentiale" durch „der semantischen Differenziale" und „den semantischen Differentialen" durch „den semantischen Differenzialen". Das ist gar nicht so anstrengend, wie es hier aussieht, weil in Suchen und Ersetzen ja nicht immer der komplette Ausdruck neu eingetippt werden muss. Wichtig: Groß-/Kleinschreibung ist dabei nicht zu beachten; sie wäre nur relevant, wenn Sie zum Beispiel „Semantisch" irgendwo versehentlich groß geschrieben hätten und korrigieren wollten. Wenn Sie so arbeiten, können Sie sogar „Alle ersetzen" verwenden, müssen aber zum Schluss prüfen, ob „semantisch" irgendwo am Satzanfang vorkommt. Dann könnten Sie zum Beispiel „. semanti" (oder „. d" bei „der/die/das") durch „. Semanti" (oder „. D") ersetzen.

Das funktioniert natürlich genauso bei Wörtern mit „f" und „ph" oder bei Wörtern, die Sie überhaupt anders schreiben wollen. Etwas kritischer sind Wörter, die in mehreren Bedeutungen vorkommen, etwa bei folgendem Beispiel:

Bild → Abbildung

„Bild" soll durch „Abbildung" ersetzt werden.

„Bild" kommt natürlich auch in anderen Bedeutungen vor (etwa „davon kann man sich leicht ein Bild machen"). Also können Sie von Wort zu Wort springen, um Fehler zu vermeiden, oder alles austauschen und Fehler hinterher über die Suche nach „Abbildungen^$" also nach Abbildungen plus einem beliebigen Zeichen suchen; damit erwischen Sie aber nicht die Fälle, in denen „Bild" in anderer Bedeutung verwendet wurde. Deshalb empfehlen wir hier die folgende Austauschreihenfolge: „das Bild" → „die Abbildung", „des Bildes" → „der Abbildung", „dem Bild" → „der Abbildung", „die Bilder" → „die Abbildungen", „der Bilder" → „der Abbildungen". Ganz zum Schluss können Sie „ein Bild" durch „eine Abbildung" sowie „Bild" und „Bilder" (ganzes Wort) durch „Abbildung" und „Abbildungen" ersetzen, sollten aber bei diesen drei Ersetzungsvorgängen jeweils von „Bild" zu „Bild" springen.

Nun kommen wir zu einigen Standardersetzungen:

dass, muss, Prozess, Gedankenstrich, Absatz. Standardfälle

Ersetzen Sie in Ihren Texten immer „muß" durch „muss",
„daß" durch „dass", „Prozeß" durch „Prozess", außerdem
„ - " (LeerzeichenBindestrichLeerzeichen) durch „ – "
(LeerzeichenGedankenstrichLeerzeichen).

Und prüfen Sie, ob Sie nicht besser alle manuellen Zeilenumbrüche durch Absätze ersetzen sollten.

Generell gilt:

• Achten Sie auf Groß-/Kleinschreibung!

• Achten Sie darauf, ob das zu ersetzende Wort auch in
gebeugter Form vorkommt!

• Achten Sie darauf, ob das zu ersetzende Wort auch als
Element anderer Wörter vorkommt!

• Achten Sie auf die Reihenfolge, wenn Sie mehrere
Ersetzungsvorgänge durchführen!

• Prüfen Sie alle „ß"!

• Wenn Sie sich über die Folgen des Ersetzens nicht
sicher sind, sollten Sie einen Test durchführen, zum
Beispiel mit einer separat abgespeicherten Version
Ihrer Datei!

• Machen Sie eine Sicherungskopie Ihres Textes, bevor
Sie ganz umfangreiche Ersetzungen durchführen!

Das Ersetzen von Formatierungen ist die Königsdisziplin. Formatie-
Da es viele Spezialfälle gibt und die Arbeit mit der Funk- rungen
tion mit ein wenig Übung eigentlich ganz einfach ist,
möchten wir hier nur ein Beispiel aufführen, das aber
sehr typisch für die Arbeit mit Formatierungen ist:

*Sie möchten eine Formatierung „fett kursiv" in eine Forma-
tierung „nicht fett kursiv" umwandeln.*

Das klingt im Prinzip einfach, aber wenn Sie nach der Formatierung „fett kursiv" suchen und sie durch „kursiv" ersetzen, passiert nichts, schließlich ist „kursiv" eben auch
„fett kursiv". Also suchen Sie stattdessen nach „fett kursiv" und ersetzen durch „nicht fett", das funktioniert.

Mit dem Ersetzen von Formatierungen (Schriftgrößen,
Schriftarten, Auszeichnungen, Farben, Zeilen- und Ab-

satzabstände, Tabstopps usw.) können Sie Ihren Text ganz einfach umformatieren und die Gestaltung grundlegend ändern. Aber auch hier empfehlen wir eine Sicherungskopie, bevor Sie umformatieren.

Sonderzeichen Wenn Sie andere Sonderzeichen einsetzen wollen als bei Suchen und Ersetzen unter „Sonstiges" aufgeführt, zum Beispiel einen En-Abstand zwischen einer Zahl und einer Einheit, dann funktioniert das nicht systematisch mit Suchen und Ersetzen. In solchen Fällen können Sie (bisher) nur Suchen verwenden und dann das Ersetzen von Hand übernehmen.

7 Vom Manuskript zum fertigen Produkt

Der Weg zum fertigen Produkt umfasst viel mehr Arbeitsschritte als den Verfassern von Manuskripten, Textteilen oder Bildern im Normalfall bewusst ist. Häufig haben sie bei der Abwicklung nur mit einem Partner zu tun – etwa einem Redakteur, einem Einkäufer oder dem Sachbearbeiter einer Druckerei oder Agentur. Wer sonst noch an dem Prozess bis zum fertigen Produkt beteiligt ist, das erfahren sie eigentlich nur, wenn irgendetwas nicht läuft wie geplant und sie Informationen bekommen wie „die Lithos sind noch nicht fertig", „leider gibt es Probleme in der Buchbinderei" oder Ähnliches.

Aber jeder, der etwas schreibt, sollte auch wissen, welche Arbeitsgänge im Einzelnen zwischen Idee und fertigem Produkt liegen. Dann wird er (oder sie) sich kaum noch über die „relativ lange Dauer" von der Planung oder Manuskriptbearbeitung bis zum fertigen Produkt wundern.

Wir wollen den Ablauf an zwei typischen Medien der Verlagsbranche deutlich machen: An der Zeitschrift und am Fachbuch, da hier die Schwerpunkte auf stark unterschiedlichen Tätigkeiten liegen. Letztendlich sind aber bei allen Manuskripten, die in irgendeiner Form gedruckt werden sollen, vom Prinzip her ähnliche Abläufe zu erwarten. Insbesondere bei technischen Dokumentationen ist mit einem deutlich höheren Aufwand für Abstimmung des Inhalts und die Freigabe zu rechnen, dafür wird bei der Produktion oft ein einfacherer Weg mit einem optisch weniger anspruchsvollen Ergebnis gewählt.

Hier soll es mehr oder weniger nur um die Prozesse der Manuskripterstellung und der Produktion gehen. Nicht betrachtet werden die strategische Planung von Verlagen und der Komplex des Marketings, also die Werbung und die vertriebliche Logistik. Dies ist der Punkt, wo man – falls man nicht Publikationen für ganz fest umrissene, kleine Zielgruppen erstellt – einen Verlag oder einen Dienstleister mit einer ganz besonderen Leistungsstruktur als Partner benötigt. Auch auf Rechtsfragen geht dieses Kapitel nicht intensiver ein, hierzu finden Sie in Kapitel 11 genauere Informationen.

Beginnen wir mit dem klassischen Verlagsprodukt, dem Buch.

7.1 Das Fachbuch

Viele der nun beschriebenen Phasen greifen zeitlich ineinander, manchmal ist die Reihenfolge (außer bei der abschließenden Produktion) auch verändert, aber im Prinzip gibt es bei allen Büchern die gleichen Phasen.

Die Idee   Am Anfang eines jeden Fachbuchs steht „die Idee". Die Idee kann vom Experten selbst stammen, der gerne ein Buch schreiben oder herausgeben möchte oder vom Verlag, der bei einem Thema eine Marktlücke oder eine gute Möglichkeit zur Ergänzung seines Programms sieht.

Der Anstoß kann aber zum Beispiel auch von einer Firma, einem Unternehmen oder einer seiner Abteilungen kommen: Sie können Fachbücher oder Fachbuchreihen nutzen, um ihr Know-how oder ihr Produktwissen zu Zwecken der unternehmensinternen Aus- oder Weiterbildung, zur Nachwuchsförderung, als Kundeninformation, zur Imagebildung oder zu Marketingzwecken unter dem Namen des Unternehmens zu verbreiten. Oder sie setzen Fachbücher ein, um ihre Technologien in anderen Ländern (z. B. in Südostasien) bekannt zu machen und sich damit einen Wettbewerbsvorteil zu verschaffen.

Es gibt auch einen Veröffentlichungszwang, nämlich bei Dissertationen; aber die wenigsten Dissertationen sind für eine größere Zielgruppe interessant.

Autorensuche   Eine der schwierigsten Phasen ist meist die Autorensuche. Ein Verlag oder Herausgeber wird in der Regel nach Spezialisten für die zu bearbeitenden Themengebiete suchen und mit diesen das Konzept besprechen. Wirkt ein Unternehmen als Herausgeber, wird es die Autoren meist mehr oder weniger „dienstverpflichten" (siehe dazu auch

Kapitel 11). Obwohl der gesamte Zeitaufwand zur Autorensuche relativ gering im Vergleich zum insgesamt nötigen Aufwand bis zur Fertigstellung eines Buchs ist, zieht sie sich – wahrscheinlich als Folge der „Hemmschwelle in der Startphase" – oft über einen langen Zeitraum hin.

Manchmal gibt es auch den „Glücksfall", dass ein Autor oder Herausgeber schon ein fast fertiges Manuskript hat. Dann ist vielleicht nur noch etwas „Feinarbeit" an Text oder Bildern nötig.

Ist die Idee klar umrissen, dann folgt eine Marktanalyse:

- Wer sind die potenziellen Käufer?

- Wie viele davon werden das Buch kaufen?

- Wie kann man die Zielgruppe erreichen?

- Welches inhaltliche, sprachliche und gestalterische Niveau ist dafür anzustreben?

- Gibt es Konkurrenzwerke?

- Wie muss sich das Werk gegenüber anderen Büchern zu dem Thema absetzen, soll z. B. eine CD-ROM oder DVD beigefügt werden?

- Welcher Verkaufspreis lässt sich erzielen und welche Auflagenhöhe absetzen?

In die meist parallel zur Marktanalyse erstellte Kalkulation geht eine große Zahl geschätzter (oder manchmal auch exakt vorgegebener) Daten ein: Format, Umfang, Gestaltung, Zahl der Bilder, Tabellen, Honorare, notwendiger Grad der Manuskriptbearbeitung, Werbe- und Vertriebsaufwand, Vorbestellungen und Subventionen, Laufzeit der Auflage usw.

Passen Marktanalyse und Kalkulation in ihrem Ergebnis zusammen und sind sich Verfasser und Verlag einig, dann steht der Publikation nichts mehr im Wege. Die Beteiligten unterzeichnen im Normalfall gemeinsam einen Vertrag. Je nach der Art des Zustandekommens des Manuskripts und der Art und Weise der Honorierung ist dieser Vertrag mehr oder weniger umfangreich.

Im Idealfall gut ein Jahr, mindestens aber sechs bis sieben Monate vor Erscheinen des Buchs benötigt der Verlag einen möglichst guten Entwurf des Vorworts, eine exakte Inhaltsangabe und etliche weitere Informationen, um ei-

Marktanalyse und Kalkulation

Vertragsphase

Vorwort, Werbetext, Marketingkonzept

95

nen Werbetext schreiben zu können und das Marketing-konzept zu beschließen. Je früher alle relevanten Informationen beim Verlag sind und je exakter der geplante Erscheinungstermin eingehalten wird, desto besser sind die Verkaufsaussichten. Im Idealfall wird schon in dieser Phase der Umschlag gestaltet, damit er früh genug in den Werbemedien des Verlags abgebildet werden kann.

Manuskript-stadium

Nun folgt das Stadium der Manuskripterstellung (häufig beginnt die Manuskripterstellung aber schon mit der Idee und die Inhalte der Bücher sind in der Vertragsphase bereits zum großen Teil fertig). Was Struktur, Gliederung, Art der Formulierung, Bildgestaltung und „Technik" betrifft, sollten Sie sich als Verfasser möglichst bald mit dem Verlag absprechen, das erspart oft viel Mühe und einige Missverständnisse. Kapitel 9 dieses Buchs gibt Ihnen dafür viele wichtige Hinweise. Wenn die Inhalte des Buchs Ihr berufliches Arbeitsgebiet berühren, vergessen Sie nicht, das Buch bei den zuständigen Stellen Ihrer Firma freigeben zu lassen.

Soll dem Buch ein elektronisches Medium (CD-ROM oder DVD) beigefügt werden, so gehört das Zusammenstellen der Inhalte dafür ebenso in die Manuskriptphase. Der Ersteller hat auch darauf zu achten, dass das zusätzliche elektronische Medium virenfrei ist.

Redaktions-phase

Im Idealfall prüft ein Redakteur des Verlags Ihr Manuskript und die Bilder (in unserem Verlag zum Beispiel ist diese Vorgehensweise Standard). Je nach Terminsituation, Kostendruck, Art und Komplexität des Inhalts und Ihrer Zuverlässigkeit als Autor geschieht dies kapitelweise oder im Ganzen, einmal, zweimal oder sogar öfter. Seien Sie kooperativ, denn in Verlagen müssen viele unterschiedliche, teilweise zeitlich nur schwer planbare Tätigkeiten koordiniert werden. Meistens ist es am praktischsten, wenn Sie die handschriftlichen oder in einer Datei eingefügten Korrekturen des Redakteurs in Manuskript und Bildern direkt in Ihre Ursprungsdateien eintragen, sofern der Redakteur nicht sowieso mit Ihrer Datei arbeitet. Ein möglichst reibungsloser Ablauf liegt sicher auch in Ihrem Interesse als Autor. Nicht selten ist das, was der Verlag „Lektorat" nennt, aber doch nur ein besseres Korrekturlesen.

Häufig arbeiten Autoren und Verlag mit der Word-Funktion „Änderungen verfolgen", aber in vielen Fällen wäre es sinnvoll, darauf zu verzichten, da der Autor sich sonst zu stark auf die Änderungen durch den Redakteur konzentriert, statt seinen gesamten Text noch einmal selbstkritisch zu prüfen. Wesentliche Änderungen kann der Redakteur dann zum Beispiel farbig unterlegen, unwesentliche stilistische Änderungen akzeptiert der Autor in der Regel sowieso, also müssen sie auch nicht unbedingt markiert werden. Eine solche Arbeitsweise setzt allerdings eine hohe Qualität der Redaktionsleistung im Verlag voraus.

Wird Ihr Manuskript für eine fremdsprachige Ausgabe des Buchs übersetzt, so kann dies – je nach Umfang – mehrere Monate dauern, da eine Übersetzung mehrere Prüfphasen enthält und einiges an Mehraufwand für Abstimmungen erfordert.

Übersetzung

Nun folgen die für den Autor kaum zu überblickenden Prozesse. Der Verlagshersteller, dessen Aufgabe es ist, den gesamten Produktionsprozess zu steuern, auf Qualität, Kostenkontrolle und Termineinhaltung zu achten, stimmt mit dem Satzbetrieb ab, wie das Layout zu erstellen ist. Er macht Angaben für den Grafiker, wie die Bilder nach den Vorlagen des Autors anzufertigen sind. Für Satz und Grafikerstellung durch Layouter („Setzer") bzw. Zeichner ist mit einem Aufwand von einigen Wochen zu rechnen.

Herstellung, Datenverarbeitung

Inzwischen ist es deshalb eher der Standardfall, dass der Autor seine Grafiken bereits nach den Vorgaben des Verlags erstellt. Das geht insgesamt schneller, ist für den Autor meist kaum zeitaufwändiger und gibt weniger Chancen zum Verursachen von Fehlern. Und, was ganz wichtig ist: Die dadurch zusätzlich erzielte Kostenersparnis ermöglicht fast immer einen niedrigeren Buchpreis und erhöht die Absatzchancen; oft ist diese Kostenersparnis sogar ausschlaggebend, dass ein Buchprojekt überhaupt finanzierbar ist.

Autor und Korrektor (das ist oft der Redakteur selbst) erhalten jetzt den Umbruch zum Korrekturlesen. Sie lesen parallel oder in beliebiger Reihenfolge nacheinander, sollten aber alle kritischen Korrekturen miteinander be-

Umbruchkorrektur

sprechen, um Fehler bei der Ausführung in der Setzerei oder beim Grafiker auszuschließen. Vorgegebene Termine für die Abgabe der Korrekturen sind unbedingt zu berücksichtigen, sonst ist der geplante Erscheinungstermin kaum einzuhalten. Es sollten auch möglichst nur noch ganz dringende Korrekturen angegeben werden, denn Änderungen sind in dieser Phase teuer. Autor oder Herausgeber geben anschließend den Umbruch mit den angegebenen Korrekturen bzw. Änderungen druckfrei.

Satzkorrektur, Druckfreigabe, Druck

Der Layouter (oder bei Bildern evtl. auch der Grafiker) führt die Korrekturen aus. Der Verlagshersteller prüft noch einmal, ob alle Korrekturen zur Zufriedenheit ausgeführt sind. Anschließend gehen die Daten an die Druckerei. Dort erfolgt in der Regel das direkte Belichten vom Satzprogramm auf die Druckplatte (Computer-to-Plate, CTP). Die nächste Phase, der eigentliche Druck, geht aufgrund hochleistungsfähiger Druckmaschinen relativ schnell.

Binden

Die bedruckten Bogen werden gefalzt, bei hochwertigen Büchern fadengeheftet, aufeinandergelegt, mit einem Gazeband verklebt und an drei Seiten zum Buchblock beschnitten. Für den Einband wird ein Umschlag bedruckt, bei Hardcoverbänden mit einer Schutzfolie kaschiert, auf Karton aufgezogen und anschließend genutet. In diesen Einband wird der Buchblock „eingehängt".

Auslieferung, gesamte Herstelldauer

Vom letzten Arbeitsgang in der Buchbinderei bis zu dem Zeitpunkt, zu dem das Buch auf Lager liegt oder beim Buchhändler ist, vergehen noch einmal einige Tage bis zu mehreren Wochen, je nach dem logistischen Konzept von Verlag und Buchhändlern, Grossisten oder Buchhandelsketten. Bei weniger umfangreichen, einfachen Büchern muss man für den ganzen Zeitraum der Produktion ab Übergabe an den Verlagshersteller mindestens mit zwei Monaten, bei Büchern mit mehreren 100 Seiten und vielen Grafiken mit vier bis acht Monaten rechnen. Das sind Erfahrungswerte aus unserem Verlag, der eher zu den „schnellen Verlagen" zählt.

Es gibt natürlich auch Ausnahmen: Bücher zur Fußball-WM, zur Papstwahl oder zu anderen Ereignissen, die großes Interesse hervorrufen. Bei solchen Publikationen wird der schnelle Ablauf von vornherein geplant, ist wesentlicher Bestandteil der Marketingstrategie und muss natürlich auch extra bezahlt werden.

Wenn Ihr Verlag mit Ihnen ein Pauschalhonorar vereinbart hat, ist kurz nach Erscheinen ein üblicher Zeitpunkt
für die Auszahlung, wenn ein Umsatzhonorar vereinbart
wurde, erfolgt die Auszahlung normalerweise jährlich auf
der Basis der verkauften Stückzahlen (siehe dazu auch
Kapitel 11).

Honorierung

Sie haben in diesem Abschnitt das „Elektronische Publizieren" vermisst? Dazu sollte erst eine Begriffsdefinition
folgen:

*Electronic
Publishing*

Darunter kann man z. B. das Erstellen eines reprodukti-
onsreifen Manuskripts durch den Autor verstehen, d. h.
das Verlagern des Satzes, der Bilderstellung und der Umbruchkorrektur in die Phase der Manuskripterstellung.
Im Idealfall liefert der Autor dann einen (oder mehrere)
Datenträger mit den belichtungsfertigen Dateien. Diese
Art von „Desktop-Publishing" ist von den meisten Verlagen durchaus gewünscht; sie spart im Allgemeinen Kosten und manchmal auch Zeit. Dieses Konzept funktioniert
aber nur reibungslos, wenn der Autor die technischen
und typographischen Vorgaben des Verlags beachtet.

Electronic Publishing bezeichnet aber auch das Publizieren von CD-ROMs, DVDs oder das Publizieren über Datenbanken und im Internet.

Inzwischen schon machbar ist „Publishing on Demand".
Fachbücher oder technische Handbücher werden von
Großhändlern oder darauf spezialisierten Druckereien
erst nach Bestellung gedruckt und gebunden. Mit schnellen Druckern und Online-Verbindungen wird es vielleicht
sogar irgendwann gebräuchlich sein, Bücher vor Ort oder
im Laden auszudrucken. Solche Bücher werden voraus-
sichtlich einfach gestaltete Informationsmedien sein –
ohne individuelles Format oder schönen Einband, aber
nicht unbedingt billiger.

*Publishing
on Demand*

Üblich ist es heute schon, kleine Buchauflagen im Digitaldruck – also mit guten Laserdruckverfahren – herzustellen. Ab ein paar hundert Exemplaren ist aber der klassische Offsetdruck nach wie vor billiger.

Digitaldruck

7.2 Die Zeitschrift

Im Prinzip läuft der Prozess der Zeitschriftenproduktion ähnlich ab wie beim Buch, allerdings gibt es einen ganz wesentlichen Unterschied: Ihr Artikel ist einer von vielen, es ist also noch wichtiger, sich mit gegebenen Abläufen und Terminen abzufinden. Wenn Sie Ihren Artikel im letzten Moment vor Redaktionsschluss abgeben, dann geraten Sie unter Umständen in der Korrekturphase sehr unter Zeitdruck.

Aber nun zu den Abläufen. Die im Folgenden angegebenen Zeiträume sind typisch für eine Fachzeitschrift mit sechs bis zwölf Ausgaben im Jahr.

Heftplanung Für fast jede Fachzeitschrift gibt es eine Jahresplanung. Darin sind die Umfänge der einzelnen Ausgaben des Jahrgangs festgelegt, die Aufteilung des Etats für die einzelnen Posten und unter Umständen auch schon ein Teil der Themenplanung. Einige Monate vor Erscheinen gibt es dann eine detaillierte Planung für die einzelnen Hefte. Darin sind die Heftinhalte festgelegt, oft gibt es auch „Schwerpunkthefte" zu einzelnen Themenbereichen.

Beirat Viele Fachzeitschriften haben einen Beirat, der die allgemeine Ausrichtung der Zeitschrift festlegt, die Planung mitbestimmt, der unter Umständen auch als Herausgeber fungiert und dessen Mitglieder oft Beiträge zu einzelnen Themen anstoßen oder Beiträge von Autoren an die Redaktion weiterreichen.

Autorensuche Zeitschriftenredaktionen suchen sich ihre Autoren z. B. auf Tagungen und Messen, bei Unternehmen oder im Markt der freien Journalisten. Bei Firmenzeitschriften läuft die Autorensuche oft auch über die für Fachveröffentlichungen zuständigen Dienststellen. Viele Zeitschriften haben einen Stamm von Autoren, die ihnen immer wieder aktuelle Beiträge liefern.

Briefing Häufig liefert die Redaktion der Zeitschrift dem Autor unaufgefordert technische oder inhaltliche Vorgaben. Aber wenn sie nicht von sich aus mitteilt, welchen Umfang und welche inhaltliche Ausrichtung Ihr Beitrag haben sollte, fragen Sie nach! Es schadet auch keinesfalls, wenn Sie sich Artikel in älteren Ausgaben der Zeitschrift nach den folgenden Aspekten durchsehen: Aus welchen inhaltli-

chen und gestalterischen Elementen besteht ein Artikel?
Wie ist er strukturiert? Wie erfolgt die Leseransprache
(Sprachstil)? Wie viele Bilder werden verwendet? Was für
eine Art von Bildern ist das?

Klären Sie insbesondere auch das Datenformat ab, in dem   Manuskript-
Sie die Texte und Bilder liefern sollen. Bei den Bildern   stadium
spielt auch die Auflösung eine wichtige Rolle. Und wenn
das zu Ihrem Artikel passt, können Sie der Redaktion Inhalte für Infokästen (z. B. mit technischen Informationen,
Erläuterungen von Abkürzungen oder Internetadressen)
vorschlagen.

Etwa drei bis vier Monate vor Erscheinen beginnen die
Autoren mit dem Anfertigen ihrer Manuskripte und Bild-
vorlagen. Davor teilt ihnen die Redaktion mit, welchen
Umfang ihr Beitrag haben und wie er technisch aufbereitet sein sollte. Etwa 2 bis $2^1/_2$ Monate vor Erscheinen des
„Hefts" ist Redaktionsschluss. Spätestens bis dahin sollten Manuskript und Bildunterlagen bei der Redaktion ein-
gegangen sein (am einfachsten per E-Mail); falls eine
fachliche Freigabe notwendig ist, sollte sie der Autor bis
zu diesem Zeitpunkt schon besorgt haben.

Nun wird der Artikel redigiert, das kann zwischen einem   Redaktions-
Tag und mehreren Wochen dauern, je nach Termindruck   phase
und der Reihenfolge des Eintreffens der einzelnen Beiträge. Manchmal verwendet die Redaktion auch zusätzli-
ches Material, z. B. Fotos als „Aufmacher" oder ergän-
zende Fachinformationen. Schließlich erhält der Autor
seinen redigierten Artikel zur Prüfung und Freigabe,
manchmal in einem Probelayout, aus dem deutlich wird,
an welchen Stellen er noch etwas kürzen oder ergänzen
sollte. Oft hat der Autor nur kurz Zeit zur Kontrolle, eventuell sogar nur einen Tag.

Es folgen Satz, Layout, Grafik- und Umbrucherstellung. Je   Satz, Layout,
Beitrag sollte man dafür mehrere Tage veranschlagen, für   Grafik,
die gesamte Ausgabe der Zeitschrift – je nach Umfang –   Umbruch
mehrere Wochen.

Es folgt noch ein Korrekturgang in der Redaktion; der   Druckfreigabe
Autor bekommt (nicht immer) den Artikel ebenfalls noch
einmal zur endgültigen Freigabe.

Druck, Versand

Die Korrekturen werden ausgeführt und noch einmal durch die Redaktion geprüft. Dann folgen die gleichen Arbeitsgänge wie beim Buch, nur das Binden ist weniger kompliziert. Für diese letzte Phase inklusive Versand sind – je nach Auflage – noch einmal rund drei Wochen zu veranschlagen.

Honorar

Der Autor erhält im Normalfall für das Abtreten der Veröffentlichungsrechte ein Honorar, mit dem meistens neben der Publikation des Beitrags in der Zeitschrift auch weitergehende Rechte, z. B. die Online-Veröffentlichung seines Beitrags, abgegolten sind.

Das „Heftmachen" ist ein komplexer Vorgang, bei dem viel Koordinationsarbeit zu leisten ist. Vergessen Sie das nicht und halten Sie vorgegebene Termine ein! Je besser Sie in der Zeit liegen, desto eher können Sie auch erwarten, dass Ihr Beitrag optimal bearbeitet und gestaltet wird.

8 Seitengestaltung und Typografie

Dieses Kapitel gibt Ihnen eine kurze Einführung in Seitengestaltung (Layout) und Schriftgestaltung (Typografie). Sie soll Ihnen ermöglichen, den Experten zu verstehen und einfache Seitengestaltungen selbst durchzuführen.

8.1 Gute Typografie

Die Typografie dient in erster Linie der gezielten Vermittlung komplexer Botschaften an den Empfänger (Leser) und ist somit kein Selbstzweck. Denn neben den Inhalten sind auch Funktionalität, Ästhetik, Ökonomie und eingesetzte Technologien wesentliche Kriterien für die Qualität einer Publikation. Zudem ist die perfekte typografische Umsetzung, die eine hohe Lese- und Leserfreundlichkeit gewährleistet, ein starkes Kaufargument auf dem hart umkämpften Publikationsmarkt.

Die Typografie dieses Buches richtet sich am informierenden und differenzierten Lesen aus. Sie ist so umgesetzt, dass Sie möglichst schnell und bequem die wesentlichen Aussagen finden und den optimalen Nutzen daraus ziehen können. Bewirkt wird dies durch die in den Abschnitten 8.2 und 8.3 beschriebenen Elemente, die wir in diesem Buch an jeder Stelle so sinnvoll und so gut wie möglich eingesetzt haben.

Bei vielen Fachbüchern tritt die Typografie aus rein ökonomischen Gründen völlig in den Hintergrund, bei belletristischen Büchern spielt sie hingegen als wesentliches Kaufargument eine ganz besondere Rolle. So ist allerdings z. B. bei Romanen, die ja einfach linear gelesen werden, eine entsprechende Typografie mit deutlich geringerem Arbeits- und Kostenaufwand zu realisieren als bei einem Fachbuch.

Ganz besonders wichtig ist die Typografie bei Zeitschriften, da sie ihnen oft eine Besonderheit und Einmaligkeit in der Zeitschriftenlandschaft ermöglicht. Außerdem kann die Typografie sogar ausschlaggebend dafür sein, ob ein Zeitschriftenartikel gelesen wird oder nicht.

Nicht selten verwenden Verlage aber auch bei Fachbüchern – im Rahmen von Buchreihen oder eines Corporate Designs – eine bestimmte charakteristische Typografie, die ihnen Image und Kunden verschafft (Wiedererkennungseffekt) und fachliche Inhalte leider manchmal in den Hintergrund rückt.

8.2 Die Elemente einer Seite

Bild 8.1 zeigt den Doppelseitenaufbau eines Buches mit den wesentlichen Elementen einer Seite. Die einzelnen Spalten eines Buches oder einer Zeitschrift nennt man auch „Kolumnen". Nach traditioneller Lehre bezeichnet der Schriftsetzer die gesamte mit Kolumnen bedruckte Fläche inklusive der Fußnoten und des lebenden Kolumnentitels als „Satzspiegel". Die Marginalien, Bogensignatur und toten Kolumnentitel zählt der klassische Setzer hingegen nicht zum Satzspiegel.

Optische Ausgewogenheit
Bei der Gestaltung einer Seite ist grundsätzlich auf die Ausgewogenheit der einzelnen Elemente zu achten. So dürfen die Abstände zwischen einzelnen Textspalten oder zwischen Marginalien- und Textspalte nicht zu groß oder zu klein sein (gute Größenordnung: 4 bis 7 mm). Auch müssen die Breiten der einzelnen Spalten sinnvoll gewählt sein: Die Breite der Textspalten sollte sich nach der Anzahl der Zeichen je Zeile richten. Ist eine Marginalienspalte zu breit, ist das Platzvergeudung, ist sie zu schmal, dann laufen die Marginalien über mehrere Zeilen und lassen sich nicht mehr mit einem Blick erfassen.

Block- und Flattersatz
Meist wählt man Blocksatz, da er optisch besser wirkt. Bei schmalen Spalten ist aber oft der Flattersatz (linksbündiger Satz) vorzuziehen, damit zu große Abstände zwischen den einzelnen Wörtern vermieden und sinnvolle Trennungen erleichtert werden. Auch bei Auflistungen ist häufig der Flattersatz die bessere Wahl, selbst wenn der

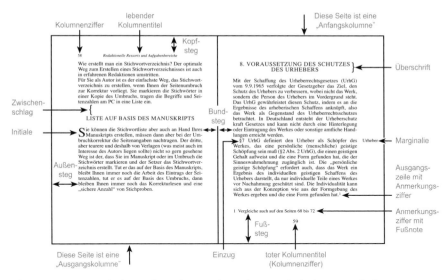

Bild 8.1 Der Doppelseitenaufbau eines Buches mit satztechnisch-typografischen Begriffen

übrige Text in Blocksatz steht. Bildunterschriften, Tabellenüberschriften und Bildlegenden sollten grundsätzlich linksbündig gesetzt sein.

Zur besseren Orientierung enthalten viele Bücher oder Fachzeitschriften in der Kopfzeile sogenannte „lebende Kolumnentitel", die auf das jeweilige Kapitel oder den Themenkreis hindeuten. In etlichen unserer Bücher finden Sie links oben die Überschrift 1. Ordnung, rechts oben die Überschrift 2. Ordnung. Wie in diesem Buch sind die lebenden Kolumnentitel oft durch eine feine Linie vom Fließtext getrennt oder sie sind auf andere Weise optisch abgesetzt. *Kolumnentitel*

„Tote Kolumnentitel" enthalten nur die Seitenzahl. Sie kann am oberen oder unteren Seitenrand stehen, innen oder außen. Verlage handhaben dies normalerweise für ihre jeweiligen Publikationsreihen einheitlich. *Seitenzahlen (Paginierung)*

Jede Publikation mit doppelseitigem Aufbau beginnt mit einer rechten Seite. Das bedeutet, dass ungerade Seitenzahlen generell eine rechte Seite bezeichnen, gerade Seitenzahlen eine linke. Bei Zeitschriften beginnt die Zählung im Allgemeinen mit der Titelseite, bei Büchern wird der Einband nicht mitgezählt. Bei manchen Zeitschriften oder Dokumentationen gibt es abweichende Zählweisen. So werden z. B. vorangestellte Kurzübersichten oder eingeheftete Sonderteile oft getrennt gezählt, d. h. mit anderen Ziffern durchgezählt als die übrigen Seiten.

Bilder und
Tabellen Bilder und Tabellen wirken meist dann am besten, wenn ihre Breite einer oder der Breite mehrerer Spalten entspricht (es sei denn, sie werden als optisches Gestaltungsmedium eingesetzt). Das Umrahmen oder Unterlegen ist dabei ein häufig genutztes Hilfsmittel zum Erzielen der gewünschten Breite. Es führt aber nur selten zu einem guten Ergebnis.

Mehr Informationen über Bilder und Tabellen finden Sie in den Abschnitten 9.5 und 9.6.

8.3 Schriften, Schriftgröße, Zeilen, Absätze

Man unterscheidet zwischen serifenlosen Schriften und serifenbetonten Schriften. Bei serifenbetonten Schriften haben die Strichenden der Buchstaben auf der Grundlinie „Füßchen" (Serifen). Dadurch sind Texte schneller und eindeutiger erfassbar. Serifenbetonte Schriften werden hauptsächlich dort eingesetzt, wo größere Textmengen vermittelt werden, d. h. für Zeitungen, Zeitschriften und Bücher, serifenlose insbesondere in der Werbung.

Gängige Schriften

Der Fließtext in diesem Buch ist in der speziell für Siemens gestalteten Serifenschrift „Siemens Serif", die Marginalien sind in der serifenlosen Schrift „Siemens Sans" gesetzt.

Times Aufgrund ihrer guten Lesbarkeit, ihrer Verfügbarkeit in allen Arten von DTP- und Satzprogrammen und der Vollständigkeit der Schriftfamilie (d. h. zusammenpassende Schriftarten in vielen Größen für Grundschrift, kursive, halbfette, fette, enge Schrift, Kapitälchen, Formelsatz usw.) ist die „Times" fast eine Art Standardschrift für Bücher und Zeitschriften. Aber Vorsicht: Die Schriftschnitte unterschiedlicher Schriftenhersteller unterscheiden sich geringfügig, so dass sich die Umbrüche zwischen Manuskript und Korrekturfahne leicht verändern können! Das wirkt sich insbesondere auf Zeilenumbrüche und Trennungen aus.

Andere gut lesbare Schriften mit Serifen sind z. B. die Garamond oder die Century Schoolbook.

Gängige serifenlose Schriften sind z. B. Helvetica oder die Arial, die bei weitem nicht so elegant wirkt wie viele andere Schriften, sich aber auch bei Vervielfältigung in schlechter Qualität (z. B. durch Faxen) noch gut lesen lässt. Eine weitere Schriftart, die auch für Präsentationen oft verwendet wird, ist Verdana.

Serifenlose Schriften

Viele Unternehmen haben eine „Hausschrift" gewählt, die sie für die meisten ihrer Anzeigen, Werbeschriften, Informationsbroschüren oder die Gestaltung ihrer Geschäftspapiere nutzen. Dadurch erhalten die Publikationen ein einheitliches Erscheinungsbild.

Schriftgrößen und Zeilenabstand

Welche Schriftgröße und welchen Zeilenabstand wähle ich für welche Art von Information? Das ist abhängig von der Art und Menge der zu vermittelnden Information, vom Format, von den Lesegewohnheiten der Zielgruppe und bei Büchern und Zeitschriften letztendlich auch von der Strategie des Verlags oder Herausgebers.

Typografische Basiseinheit für die Schriftgröße ist der „Punkt" (pt). In DTP-Programmen entspricht 1 pt 0,353 mm. Durch die mehrheitliche Verwendung elektronischer Textbearbeitungsprogramme ist der DTP-Punkt die gebräuchlichste typografische Maßeinheit. Die älteste hingegen ist der gegen Ende des 18. Jahrhunderts in Frankreich eingeführte Didot-Punkt (p), der ursprünglich mit 0,376 mm angegeben wurde, seit 1973 aber mit 0,375 mm. Inwieweit die Fachwelt diese Änderung umsetzte bzw. ignorierte, ist in der Literatur umstritten. Tatsache ist, dass der Didot-Punkt heute kaum noch Verwendung findet. Der Vollständigkeit halber sei noch auf eine dritte typografische Maßeinheit hingewiesen, den im englisch-

Der typografische Punkt

sprachigen Raum gebräuchlichen Pica-Punkt (0,351 mm). Dieser wird häufig mit dem DTP-Punkt verwechselt oder gleichgesetzt, tatsächlich aber ist der DTP-Punkt das jüngste Kind in der Familie der typografischen Maßeinheiten – und das beliebteste.

Grundschrift Der Fließtext dieses Buches ist in einer Schriftgröße von 9 (DTP-)Punkt mit einem Zeilenabstand von 12 Punkt gesetzt – kurz bezeichnet als 9/12 pt (d. h. die Grundschrift des Buches ist eine Siemens Serif 9/12 pt, sprich „9 auf 12 Punkt"). Für die Marginalien haben wir Siemens Sans 9/12 pt gewählt. Diese Schriftgrößen sind mit dem Auge noch ganz gut lesbar, der Zeilenabstand wirkt harmonisch. Für gute Lesbarkeit sollte der Zeilenabstand bei längeren Texten gleich der Schriftgröße plus 1 bis 3 pt betragen, für die Grundschrift sind 8 bis 11 pt empfehlenswert, für Bildbeschriftungen sind mindestens 7 pt nötig (siehe auch Abschnitt 9.5).

Durch eine – für den Laien optisch kaum wahrnehmbare – größere Schrift lassen sich auf einfache Weise viel mehr Seiten erzielen: Wäre dieses Buch z. B. in 11/12 pt gesetzt, hätte es 20% mehr Seiten, bei 12/14 pt etwa 55%. Und hätten wir zusätzlich einen kleineren Satzspiegel gewählt, wären es noch mehr Seiten. Ein dickes Buch kann also unter Umständen eine deutlich kleinere Textmenge enthalten als ein dünnes! Beim Bücherkauf sollten Sie durchaus darauf achten.

Laufweite Außerdem lässt sich noch die „Laufweite" der Schrift modifizieren, indem man die Abstände zwischen den einzelnen Buchstaben vergrößert oder verkleinert. Ebenso wie größerer Zeilenabstand ist das aber im Normalfall nur für Texte mit besonderer Gestaltung interessant, z. B. für Werbung, Überschriften, Plakate, Geräte- oder Verpackungsbeschriftungen.

Zeilenlänge Ist das Format größer, dann wählt man im Allgemeinen auch eine größere Schrift. Für das schnelle Erfassen des Textes sind Zeilenlänge und Zeilenabstand von großer Bedeutung. Generell sollten in einer Zeile nicht mehr als 55 bis 60 Zeichen stehen, was aber z. B. bei Büchern wegen der großen Textmengen nur selten realisierbar ist.

Absätze

Ein anspruchsvoller Text ist nur gut lesbar, wenn alle paar Zeilen ein neuer Absatz folgt (siehe dazu Abschnitt 9.2). Der Abstand zum nächsten Absatz kann z. B. eine Leerzeile betragen. Besser sieht es aber meistens aus, wenn Sie nur ca. $\frac{1}{2}$ Leerzeile, also ca. 6 pt als Abstand nach einem Absatz einfügen. DTP-Programme bieten auch die Möglichkeit, Abstand vor einem Absatz einzufügen. Das ist meist dann interessant, wenn Texte umrahmt oder hinterlegt werden sollen (also bei Tabellen oder Infokästen) oder vor Kapitel- oder Zwischenüberschriften. Absätze dienen nicht nur der besseren Lesbarkeit, indem sie den Text optisch untergliedern, sondern auch dazu, den Inhalt zu strukturieren. Deswegen achten Sie bitte darauf, Absätze mit Bedacht zu platzieren! Ein Absatz trennt eine argumentative Einheit von einer anderen. Wie groß der Schritt von einem Gedanken zum nächsten ist, kann wiederum visuell unterstützt werden, indem der Absatz entweder nur aus einer eingezogenen Zeile besteht oder einer ganzen Leerzeile.

Seitenausgleich

Wird Ihr Text von einem Layouter weiterverarbeitet, dann führt dieser normalerweise einen Spalten- bzw. Seitenausgleich durch, indem er vor und nach Überschriften den Durchschuss (zusätzlicher Zeilenabstand) anpasst. Der Seitenausgleich ist nötig, damit Seiten nicht mit einzelnen Zeilen aufhören oder starten (im Fachjargon als „Schusterjungen" und „Hurenkinder" bezeichnet), Zwischenüberschriften nicht allein am Ende einer Seite stehen oder damit neue Kapitel auf einer neuen Seite beginnen können.

Überschriften

Überschriften sind deutlich auszuzeichnen und vor bzw. nach den Überschriften ist ein Textabstand einzufügen, durch den die Gliederung des Textes zusätzlich sichtbar wird.

Überschriften 1. Ordnung sind z. B. in diesem Buch mit halbfetter Schrift in 16/19 pt ausgezeichnet, Überschriften

2. Ordnung in 12/14 pt halbfett, Überschriften 3. Ordnung und die Zwischenüberschriften in 9/12 pt halbfett.

Beim Auszeichnen von Überschriften sollten Sie deutlich die Hierarchie betonen. Überschriften der n. Ordnung sollten demnach immer auffälliger, d. h. in der Regel fetter und/oder größer sein als Überschriften der Ordnung $n+1$. Ein mehrfacher Wechsel zwischen fett und kursiv irritiert meistens und die Wahl einer anderen Schrift ist oft nur dann sinnvoll, wenn Sie diese Schriftart für die Überschriften aller Ordnungen verwenden. Zudem muss diese Schriftart optisch mit der Grundschrift harmonieren.

Sonstige Textauszeichnungen

Zu diesem Thema verweisen wir auf den Teil „Optische Hervorhebungen" im Abschnitt 9.2. Dort finden Sie Informationen über die Auszeichnung von Wörtern, Satzteilen, Merksätzen, Zusammenfassungen und Auflistungen bzw. Aufzählungen.

9 Tipps für Autoren

Dieses Kapitel gibt Ihnen einen Überblick über die formalen und stilistischen Aspekte, die Sie als Autor berücksichtigen sollten. Je früher Sie wissen, worauf Sie beim Strukturieren, beim Schreiben und beim Erstellen von Bildern, Tabellen, Verzeichnissen usw. zu achten haben, desto leichter wird Ihnen das Schreiben fallen.

9.1 Einstieg und Inhaltselemente

Bevor Sie Inhalte festlegen und mit dem Schreiben beginnen, müssen Sie sich über Zielsetzung (Was will ich mit meinem Beitrag erreichen?), Zielgruppen bzw. Zielpersonen sowie den Nutzen Ihres Beitrags für die Leser im Klaren sein. Erst dann sollten Sie Inhalte sammeln und prüfen, ob diese der Zielsetzung und den Erwartungen der Leser entsprechen. Achten Sie zusätzlich darauf, nur solche Inhalte auszuwählen, die über die vorgesehene Aktualitätsdauer gültig bleiben.

Zielsetzung

Titel, Inhalt, Gliederung, Schreibstil sowie Informationsinhalt und -darstellung in Bildern und Tabellen sind auf die Zielgruppe auszurichten.

Der Titel gibt eine möglichst klare Kurzdefinition des Inhalts. Bei Fachbüchern, Zeitschriftenbeiträgen und Vertriebsmaterialien wirbt er direkt für die Veröffentlichung, muss also eine anziehende Wirkung auf die Leser ausüben.

Der Titel

Der Rahmen für Länge und Formulierung des Untertitels wird im Allgemeinen vom Verlag oder Herausgeber vorgegeben. Der Untertitel kann aus einem attraktiven Slogan bestehen („Ihre Eintrittskarte ins ...“), kann die Zielgruppe direkt ansprechen („Das Handbuch für ...“) oder eine genauere Angabe des Inhalts präsentieren. Bei Zeitschriften kann der Untertitel auch eine Kurzdefinition des

Der Untertitel

Inhalts darstellen, falls der eigentliche Titel nur als Aufreißer fungiert.

Das Vorwort Fachbücher, viele Ausarbeitungen und Dokumentationen haben normalerweise ein Vorwort. Schon das Wörtchen „Vorwort" sagt es aus: Kurz muss es sein, sonst sind die Chancen gering, dass der Leser ausreichend Notiz davon nimmt. Aufgabe des Vorworts ist es, der Zielgruppe den Nutzen darzustellen, Wissen über Hintergründe zur Entstehung und zum Thema zu geben, einen kurzen Überblick über den Inhalt zu präsentieren und (bei Nachauflagen) anzugeben, was sich gegenüber vorherigen Versionen geändert hat. Das Vorwort dient häufig auch als Grundlage für den Werbetext.

Die Einführung Am Beginn vieler Texte steht eine Einführung. Sinnvoll ist sie dann, wenn Sie den Leser behutsam an ein Thema heranführen wollen, wenn Sie ihm zeigen wollen, wie der folgende Text aufgebaut ist und warum, um ihm das Umfeld des Themas deutlich zu machen oder wichtige Definitionen voranzustellen. Beispielsweise sollte eine Einführung für ein Buch zum Thema Projektmanagement erläutern, was denn ein Projekt überhaupt ist. Hierher gehört bei wissenschaftlichen Werken auch ein Überblick über die Forschungslage des betreffenden Themas (Gibt es verschiedene Erklärungsansätze, gegensätzliche Positionen, umstrittene Thesen ...?) sowie eine kurze Erläuterung verwendeter Literatur und Quellen (Warum wurden bestimmte Quellen ausgewählt oder nicht berücksichtigt? Welche der verwendeten Bücher gelten als Grundlagenwerke? ...).

Der Fließtext Es folgt der eigentliche Fließtext. Wie er zu strukturieren ist, erfahren Sie im Abschnitt 9.2; Arbeitstechniken zur Gliederung der Inhalte präsentiert Ihnen Abschnitt 12.4. Fachartikel, Präsentationen usw. beschließt man im Allgemeinen mit einem Fazit, einer Zusammenfassung oder einem zukunftsorientierten Ausblick. Auch in Fachbüchern kann ein Blick in die Zukunft bei bestimmten Themen nicht schaden (siehe auch Abschnitt 12.3).

Das Glossar Wenn Ihr Text viele erklärungswürdige Fachbegriffe oder Abkürzungen enthält, die immer wieder auftauchen oder deren jeweilige Erklärung das Verstehen des Fließtexts erschweren würde, dann sollten Sie diese in einem Glossar lexikalisch zusammenstellen und dort erläutern. Die richtige Stelle für ein Glossar ist nach dem Fließtext vor dem Literaturverzeichnis oder bei einem Zeitschriftenbeitrag in einem separaten Kasten.

Am Ende von Fachbüchern oder Dokumentationen stehen das Literaturverzeichnis (siehe Abschnitt 9.7) und das Stichwortverzeichnis (siehe Abschnitt 9.8). Verzeichnisse der Bilder oder Tabellen sind nur bei wenigen Publikationen sinnvoll, Listen der verwendeten Formelzeichen hingegen können sehr praktisch sein, wenn man nicht bei jeder Formel alle Formelzeichen auflisten will. Der richtige Platz für solche Verzeichnisse oder Listen ist meist hinter dem Literaturverzeichnis, also am Ende des Buches. Damit ist größtmöglicher Benutzerfreundlichkeit Rechnung getragen, denn Stichwortverzeichnisse & Co. dienen dem gezielten und schnellen Nachschlagen und müssen möglichst leicht zugänglich sein. Bei lexikografischen Werken mit geringem Artikelumfang kann es auch durchaus sinnvoll sein, das Stichwortverzeichnis an Stelle eines Inhaltsverzeichnisses zu setzen. Damit ersparen Sie dem Leser ein Herumblättern nach dem gesuchten Stichwort im Buch, da auf den ersten Blick ersichtlich ist, ob das betreffende Schlagwort mit einem Artikel erläutert wird oder nicht. Aber bedenken Sie: Ist das Stich- oder Schlagwortverzeichnis am Anfang aus lesefreundlicher Sicht eine gute Platzierung, so birgt es unter verkaufstechnischen Gesichtspunkten Risiken. Denn Sie präsentieren einem potenziellen Käufer explizit nicht nur die Themen, die Sie bearbeitet haben, sondern auch die, die keine Berücksichtigung finden!

Verzeichnisse

9.2 Struktur und Gliederung

Bei längeren Textbeiträgen (z. B. für Bücher oder Dokumentationen) muss dem Leser die inhaltliche Gliederung deutlich gemacht werden, damit er sich leichter orientieren kann und an jeder Stelle seinen „Standort" kennt.

Kapitel und Abschnitte

Gliedern Sie Ihren Beitrag zunächst nach thematischen Schwerpunkten in einzelne Kapitel und geben Sie jedem Kapitel eine kurze, aussagekräftige Überschrift. Die einzelnen Kapitel können Sie mit Überschriften in Abschnitte und diese wiederum in Unterabschnitte unterteilen.

Die Position der Kapitel bzw. Abschnitte in der Gliederungshierarchie verdeutlichen Sie, indem Sie den Überschriften Ziffern voranstellen, die durch Punkte voneinander getrennt sind (Dezimalklassifikation). Die erste Ziffer entspricht dabei der Kapitelnummer, die zweite Ziffer der Abschnittsnummer im Kapitel usw. Die letzte Ziffer wird nicht mit einem Punkt abgeschlossen (also heißen die Kapitel bzw. Abschnitte z. B. 1, 1.1 und 1.1.1).

Achten Sie darauf, dass die inhaltliche Gewichtung und die Länge der einzelnen Kapitel ausgewogen sind. Vermeiden Sie also, dass einige Kapitel sehr lang, andere dafür besonders kurz sind. Das gilt für jede Gliederungsebene. Auf der untersten dezimalen Gliederungsebene sollten die Abschnitte nur wenige Druckseiten (oder bei klein gesetzten Werken unter Umständen auch nur eine Seite) umfassen. So bleibt der Text übersichtlich und Sie können Querverweise nach Abschnitten und nicht nach Seiten angeben. Mehr dazu können Sie in Abschnitt 9.4.2 erfahren. (Wie Sie sehen, wenden wir diese Verweisart auch in diesem Buch an!)

Damit die Abschnittsnummern übersichtlich und gut lesbar bleiben, soll – wie auch in DIN 1421 angegeben – die Dezimalgliederung auf der dritten Stufe enden.

Ausnahmen bestätigen natürlich die Regel: Insbesondere bei großen Sammelwerken kann die vierte Stufe in der Dezimalklassifikation durchaus sinnvoll sein.

Zwischenüberschriften

Wir empfehlen unseren Autoren, zur weiteren Untergliederung in der vierten Stufe halbfette und in der fünften Stufe kursive Überschriften zu verwenden.

Kurze Abschnitte der zweiten Gliederungsebene, deren weitere Untergliederung nach der Dezimalklassifikation aus inhaltlichen Gründen oder wegen der Länge der einzelnen Abschnitte nicht sinnvoll ist, lassen sich ebenfalls auf diese Weise strukturieren. So ist es auch in diesem Abschnitt ausgeführt.

Absätze

Bei allen Arten von Texten erleichtern Absätze das Lesen erheblich. Immer dann, wenn Sie in Ihrem Beitrag einen Gedankengang beenden, geben Sie ein Absatzzeichen ein. Bei dementsprechender Formatierung ist die Trennung der einzelnen Absätze dann optisch deutlich erkennbar. In diesem Buch beträgt z. B. der Abstand nach jedem Standardabsatz 6 Punkt; durch den Seitenumbruch und -ausgleich beim Satz ist der Abstand zwischen den Absätzen aber an vielen Stellen verändert.

Faustregel: Überprüfen Sie nach ungefähr 15 Zeilen, ob Sie eine argumentative Einheit in Ihrem Text beenden und auch optisch durch einen Absatz kenntlich machen können.

Marginalien

Marginalien stehen auf dem Seitenrand neben dem Fließtext, auf Höhe der ersten Zeile des Abschnitts, auf den die Marginalie sich bezieht. Die Marginalie gibt eine wesentliche Aussage des nebenstehenden Textes schlagwortartig wieder oder erleichtert das Auffinden bestimmter Stichwörter. Wie Kapitel- und Abschnittsüberschriften sind Marginalien für den Leser wichtige Orientierungsmarken.

Marginalien müssen nicht unbedingt aus Text bestehen. Wiederholen sich Informationen, die durch Marginalien dargestellt werden sollen, an anderen Stellen und ist die Anzahl unterschiedlicher Marginalien in einem Text begrenzt, so sind auch Piktogramme (Symbole, Pfeile, Zeigehand, Ausrufezeichen usw.) zur optischen Orientierung am Seitenrand geeignet.

Ob und in welcher Form Marginalien einzusetzen sind, sollten Sie vor oder möglichst früh in der Phase der Manuskripterstellung mit dem Redakteur bzw. Verlag vereinbaren. Nicht bei jeder Art von Manuskript ist das Verwenden von Marginalien empfehlenswert. Außerdem ist das Formulieren guter Marginalien nicht immer ganz einfach, der Zeitaufwand dafür wird leicht unterschätzt.

In diesem Buch haben wir für kurze Inhaltsblöcke (die auch mehrere Absätze umfassen können) häufig Marginalien verwendet, bei längeren inhaltlichen Passagen – wie in diesem Abschnitt – halbfette Zwischenüberschriften. Einzige Kriterien dafür sind gute Lesbarkeit und Übersichtlichkeit des Textes.

Optische Hervorhebungen

Wörter, Satzteile

Wenn Sie einzelne Wörter oder Satzteile hervorheben wollen, verwenden Sie hierzu am besten kursive Schrift. Eine auffällige Kennzeichnung durch halbfette Schrift stört den Lesefluss, besonders dann, wenn Sie diese Auszeichnungsart auf einer Textseite mehrmals anwenden.

Merksätze, Zusammenfassungen

Wichtige Zusammenfassungen oder Merksätze können Sie durch

• Schriftart (z. B. kursiv oder in serifenloser Schrift),

• Textrahmen (dünne Linie) oder

• Unterlegung (in hellem Grau oder einer Farbe)

hervorheben. Serifenlose Schrift, Rahmen oder Unterlegungen sollten Sie ganz systematisch verwenden und nur dann, wenn es „regelmäßig, aber nicht zu oft" möglich ist. Verwenden Sie dann für gleichartige Hervorhebungen die gleiche Auszeichnungsart.

Auflistungen, Aufzählungen

Wollen Sie mehrere Einzelaussagen oder z. B. eine Reihe von Produkten auflisten, dann sollten Sie dafür ein auffälliges Aufzählungszeichen (z. B. den Blickfangpunkt „•") verwenden. Am besten lassen sich solche Aufzählungen lesen, wenn sie sprachlich in den Fließtext integriert sind, wie es z. B. im obigen Absatz „Merksätze, Zusammenfassungen" der Fall ist. Ist dies nicht möglich, dann sollte jeder Punkt der Auflistung in einem vollständigen Satz formuliert sein.

Verwenden Sie bei einer weiteren Untergliederung der Aufzählung am besten den Gedankenstrich „–" als Aufzählungszeichen.

Am besten wirken Aufzählungen, wenn Sie „hängenden Einzug" verwenden. Dann beginnt der Text in der 2. Zeile eines Punktes der Aufzählung an der gleichen linken Kante wie der Text der 1. Zeile.

Nummerieren sollten Sie Aufzählungen nur dann, wenn die Liste eine zeitliche Reihenfolge widerspiegelt oder die Nummern eine Wertung repräsentieren.

9.3 Schreibstil und Schreibweisen

In diesem Abschnitt haben wir Hinweise zu gutem Stil, zur richtigen Schreibweise von Wörtern, Begriffen, Zahlen, Formeln und Sonderzeichen zusammengestellt. Zum Teil handelt es sich dabei um Vorschläge, zum Teil um feste Normen.

9.3.1 Guter Stil

Die folgenden Tipps sollen Ihnen helfen, Texte *verständlich* und zugleich *ansprechend* zu schreiben.

Persönlichen Stil verwenden!

Dort, wo es angebracht ist, sollten Sie Ihre Leser persönlich ansprechen („Sie"). Dieses Stilmittel hilft, einen einfachen und natürlichen Schreibstil zu entwickeln.

Anschauliche Vergleiche bieten!

Anschauliche Vergleiche oder Beispiele, die an die Erfahrung der Leser anknüpfen, machen einen Text leichter zugänglich („Man muss sich das vorstellen wie ...").

Durch Fragesätze Neugier wecken!

Ein Thema oder einen neuen Gedankengang können Sie auch mit einer Frage einleiten („Was sind die Vorteile der neuen Gerätegeneration? ..."). So wecken Sie die Neugier des Lesers auf die nachfolgenden Textpassagen.

Fremdwörter sparsam einsetzen!

Enthält ein Text viele Fremdwörter, dann ist er schwerer zu lesen und zu verstehen. Verzichten sie daher auf

Fremdwörter, für die es einen gleichbedeutenden, gebräuchlichen deutschen Begriff gibt!

Fachbegriffe erklären!

Erklären Sie dem Leser unbekannte Fachbegriffe bei ihrem ersten Gebrauch mit bekannten Worten!

Abkürzungen erläutern!

Geben Sie die Begriffe, die einer wenig bekannten Abkürzung zugrunde liegen, ausgeschrieben in Klammern an, etwa AR (Augmented Reality). Überlegen Sie sich, ob in solchen Fällen Hervorhebungen in den ausgeschriebenen Versionen sinnvoll sind. In der Regel wirken sie eher störend, weil sie das Auge durch ein verwirrendes Schriftbild irritieren (Augmented *R*eality) oder durch ihre Dominanz eher Nebensächliches ins Auge springen lassen (**A**ugmented **R**eality).

Einheitliche Benennungen verwenden!

Uneinheitliche Benennungen verwirren Leser. Achten Sie deshalb auf einheitliche Bezeichnung und Schreibweise von Gegenständen, Begriffen, Abkürzungen, Formelzeichen usw. im gesamten Text (einschließlich Bildern und Tabellen!).

Überschaubare Sätze bilden!

Der Leser muss die Sätze beim ersten Lesen verstehen können. Vermeiden Sie deshalb lange und komplizierte Schachtelsätze! Und wenn Ihr Text auch in andere Sprachen übersetzt werden soll, verringern einfache Sätze die Gefahr von Übersetzungsfehlern.

Satzlängen wechseln!

Texte mit gleich langen Sätzen wirken langweilig. Ein Wechsel von kürzeren und längeren Sätzen bringt Dynamik und Spannung in Ihren Text.

Aktiv formulieren!

Passivsätze sind generell schwerer verständlich als Aktivsätze. Sie haben kein handelndes Subjekt, sind inhaltlich oft nicht eindeutig und sind leicht am Hilfsverb „werden" zu erkennen („Danach *wird* die Masterbaugruppe konfiguriert ...“). Sie können Passivsätze vermeiden, wenn Sie das handelnde Subjekt in den Satz einbeziehen („Konfigurieren *Sie* danach die Masterbaugruppe ...“ oder *„Diese Software* konfiguriert die Masterbaugruppe ...“).

Formulieren Sie Ihre Sätze nach Möglichkeit aktiv, aber tun Sie das nicht um jeden Preis, denn nicht immer sind aktiv formulierte Sätze besser als Passivsätze.

„Hauptwörterei“ vermeiden!

Sätze mit vielen Hauptwörtern wirken steif. Hauptursache hierfür sind meist aus Verben, Adjektiven oder Adverbien gebildete Hauptwörter. Erkennbar sind solche Hauptwörter an den Endungen -ung, -keit, -ig usw. Formulieren Sie Ihre Sätze, indem Sie diese Wörter möglichst in ihrer ursprünglichen Form gebrauchen!

„Umklammerungen“ vermeiden!

Durch eine Umklammerung *reißt* man ein Satzprädikat, das eigentlich zusammengehört, *auseinander.* Der Satz, den Sie gerade gelesen haben, ist ein Beispiel für eine solche Umklammerung. Die kursiv geschriebenen Worte gehören als Satzprädikat zusammen, umklammern aber den eingeschobenen Nebensatz. Solche Konstruktionen sollten Sie vermeiden! (Ohne Umklammerung ist der obige Satz schon besser: „Durch eine Umklammerung *reißt* man ein Satzprädikat *auseinander,* das eigentlich zusammengehört.“)

Sätze mit „dass“ vermeiden!

Aussagen mit vielen dass-Sätzen wirken umständlich. Oft lässt sich eine dass-Konstruktion vermeiden, wenn der einleitende Satzteil auf ein einziges Wort reduziert werden kann. Beispiel: „Es ist bekannt, dass ...“ durch „Bekanntlich ...“.

9.3.2 Richtige Schreibweisen

Viele Begriffe sind in Normen definiert und müssen genau wie dort angegeben geschrieben werden. In allen anderen Fällen gelten die Regeln der deutschen Rechtschreibung, die der Schreibweise im Duden und anderen Nachschlagewerken zugrunde liegen.

Zusammengesetzte Wörter sind eine Spezialität der deutschen Sprache. Nach einer Faustregel schreibt man Zusammensetzungen mit bis zu vier kurzen Wortbestandteilen ohne Bindestrich (z. B. Halbleiterbauelement, Hochspannungsfreileitung, Lichtwellenleiterkabel). Bei mehr oder längeren Wortbestandteilen (z. B. Dreiphasendrehstrommotor) empfiehlt es sich, die Wortzusammensetzung in kleinere Wortgruppen zu gliedern, die durch einen Bindestrich miteinander verbunden sind (Dreiphasen-Drehstrommotor). Dabei sollten Sie an der Stelle einen Bindestrich setzen, an der bei deutlichem, sinngemäßem Sprechen der Einschnitt entsteht.

Bei Kombinationen aus englischen Wörtern oder der Kombination deutscher und englischer Wörter sollten Sie im Prinzip verfahren wie bei deutschen Begriffen: Sind die Wörter fachsprachlich ganz normal, dann können Sie die Begriffe einfach aneinanderfügen: Filetransfer, Softwareentwicklung, Marketingkommunikation... Sind die Kombinationen ungewohnter, verwenden Sie den Bindestrich oder schreiben Sie die Wörter ganz auseinander: Internet-Hype, Market Intelligence. Grenzfälle wären zum Beispiel Onlineversion/Online-Version. Bei solchen Wortzusammensetzungen haben Sie oft die Wahl der Schreibweise, aber grundsätzlich sollten Sie sich an der optimalen Lesbarkeit orientieren – und das bedeutet meist „zusammen" oder „mit Bindestrich".

Mehr Informationen zu Wortzusammensetzungen finden Sie in Abschnitt 1.4 dieses Buchs.

9.3.3 Zahlen und Formeln

Für die Schreibweisen von Zahlen und Formeln gibt es gewisse Regeln, die teilweise in Normen festgelegt, teilweise auch Erfahrungsregeln sind. Insbesondere in Fachveröffentlichungen sollten Sie diese Regeln einhalten!

Zahlen

Zahlen lassen sich in Ziffern oder als Zahlwörter angeben. Beispiele für die verschiedenen Arten von Zahlenangaben finden Sie in der folgenden Übersicht.

Beispiele	Zahlwort	Ziffer
Grundzahl	elf	11
Ordnungszahl	vierte	4.
Bruchzahl	ein Viertel	1/4
Jahreszahl	(nicht gebräuchlich!)	2000
Jahrzehnt	z. B. Achtziger Jahre	z. B. 80er Jahre
Zahl vor Einheiten	(nicht verwenden)	80 kV
Vervielfältigungszahlwort	dreifach	z. B. 3-fach
Wiederholungswort	zweimal	2-mal
In Wortzusammen-setzungen	Nullgradlinie, Fünfercode	0-Grad-Linie, 5er-Code

Bei Zahlangaben wird heute die Ziffernschreibweise vor-
gezogen. Orientieren können Sie sich an DIN 5008:2005-
05. Wichtiger als die eine oder andere Zahlenschreib-
weise ist die Forderung nach einer einheitlichen Nen-
nung im gesamten Beitrag: Schreiben Sie also nicht an einer Stelle z. B. „Nullgradlinie" und an anderer bedeu-
tungsgleich „0-Grad-Linie".

Je nach Gebrauch schreibt man Ziffern und Maßangaben
unterschiedlich, z. B:

*   Einfache Zahlen
    87 654 321 (Gliederung in Dreiergruppen von rechts)
*   Telefon(/Fax-)nummern
    Einzelanschluss: 13131 85258
*   Durchwahlanschluss: 13131 85258-215
*   International: +49 13131 85258
*   Mobiltelefon: 0173 9512367
*   Geldbeträge
    16,80 EUR oder 16,00 € oder 0,55 € oder
    344.567.213,99 €
*   Zeitangaben
    12:30 Uhr und 12 Uhr

Formeln

Formeln sind eine besonders komplizierte Textform.
Auch wenn Sie den Formelsatz nicht selbst ausführen, so
müssen Sie dennoch wissen und angeben, welche For-

melzeichen kursiv und welche senkrecht geschrieben werden sollen. Die Regeln hierfür sind in DIN 1304 festgelegt. Es folgen einige Beispiele.

Kursive Schreibweise:

- Variable Zahlen, die durch Buchstaben dargestellt werden: z. B. x, y
- Physikalische oder geometrische Größen: I (Strom), n (Drehzahl), α, β, γ (Winkel)
- Funktionszeichen, deren Bedeutung frei gewählt werden kann: $f(x), g(x,y)$

Senkrechte Schreibweise:

- Zahlen, in Ziffern geschrieben
- Konstanten: π (Ludolfsche Zahl), e (Basis des natürlichen Logarithmus)
- Einheiten: A (Ampere), mF, mm
  Zwischen Zahl und Einheit sollten Sie jeweils ein geschütztes Leerzeichen setzen (Strg+Umschalt+Leertaste).
- Indizes
- Funktionszeichen mit feststehender Bedeutung: Σ (Summenzeichen), Δ (Differentialzeichen), sin
- Chemische Symbole: Al (Aluminium)

9.3.4 Sonderzeichen

An- und Abführungszeichen

Besondere Textpassagen sollten Sie mit Anführungszeichen kennzeichnen, z. B. Textpassagen, die wörtlich aus einem Buch, Schriftstück, Brief o. ä. übernommen sind, Titel von Zeitschriften oder Büchern, Eigennamen oder im übertragenen Sinn zu verstehende Redewendungen.

Empfehlung: Verwenden Sie Anführungszeichen möglichst sparsam, da zu viele Anführungszeichen beim Lesen störend wirken. Im deutschen Schriftsatz haben Anführungszeichen vorzugsweise die Form „ ", in Romanen auch » «.

Für den Lesefluss und die Verständlichkeit von Texten ist auch die Unterscheidung zwischen Gedanken- und Bindestrich von Bedeutung. Der Gedankenstrich (–) ist länger als der Bindestrich (-). In Textverarbeitungsprogrammen finden Sie den Gedankenstrich bei den Sonderzeichen, bei Word können Sie ihn mit der Tastenkombination „Strg" plus „-" (auf der Zehnertastatur) aufrufen.

Bindestrich und Gedankenstrich

Der Gedankenstrich wird gebraucht

- vor und nach einem Gedankeneinschub im Satz,

- als Aufzählungszeichen (siehe Abschnitt 9.2) und

- als Ersatz für das Wort „bis" (8–12 Stück, Flugverbindung München–Berlin).

Der Bindestrich trennt ein Wort am Zeilenende und gliedert längere Wortzusammensetzungen (siehe Abschnitt 1.4).

Aber: Geben Sie in Ihr Manuskript vor der Umbrucherstellung keine feststehenden Worttrennungen ein, da sich der Zeilenumbruch mit einer anderen Schriftart fast immer verschiebt!

Gibt es mehrere Möglichkeiten (Fragestellung „oder"), gebraucht man überwiegend den Schrägstrich zur Angabe der Alternativen, z. B. bei „und/oder" oder „Telefon/Fax-Nr.". Bei Begriffen wie „Client-Server-Systemen" ist hingegen der Bindestrich zu benutzen; bei Analog-Digital-Konverter bzw. Analog/Digital-Konverter ergeben Bindestrich und Schrägstrich völlig verschiedene Bedeutungen.

Schrägstrich

Nach DIN 5008:2005-05 werden Prozent- und Promillezeichen mit einem Leerzeichen von der dazugehörigen Ziffer getrennt, z. B. 50 %, aber 50%ig. Unserer Meinung nach sollten Prozent- und Promillezeichen aber immer mit der Ziffer zusammengeschrieben werden, da es sich hierbei um Bestandteile der Zahl handelt, nicht um Einheiten wie EUR oder km.

Prozentzeichen

Bei Winkelangaben gehören Zahl und Gradzeichen zusammen (45°). Bei Temperaturangaben bilden hingegen Gradzeichen und Temperaturskala (Celsius, Fahrenheit) eine Einheit und sind durch ein geschütztes Leerzeichen von der Zahl zu trennen (120 °C).

Gradzeichen

Leerzeichen   Es gibt verschiedene Arten von Leerzeichen. Zwischen Zahlen und Einheiten ist das „geschützte Leerzeichen" zu verwenden (Word: Strg+Umschalt+Leertaste), nach den Ziffern von Kapitelüberschriften ist der n-Abstand günstig, nach Aufzählungszeichen der n- oder m-Abstand.

Marken, Schutzrechtsvermerk   Marken kennzeichnen Waren und Dienstleistungen und dürfen als eingetragene Marken nur vom Inhaber für bestimmte Produkte genutzt werden. Marken müssen Sie kennzeichnen. Dabei ist die Marke in der Form zu verwenden, in der sie eingetragen ist. Beim ersten Gebrauch einer Marke in Ihrem Beitrag fügen Sie den Schutzrechtsvermerk (...®) an. Solange eine Marke noch nicht eingetragen ist, kennzeichnen Sie sie mit ™ (trade mark), nach der Eintragung verwenden Sie das Zeichen ®.

9.4 Verweise und Fußnoten

Die Leserfreundlichkeit eines Textes ist nicht zuletzt auch von der Art und Qualität der Verweise abhängig. Bilder bzw. Tabellen und Text sollten in einem inhaltlichen Zusammenhang stehen, der auch aus der Formulierung und der Art des Verweises zum jeweiligen Bild bzw. der Tabelle deutlich wird. Querverweise und Fußnoten schaffen dem Leser die Chance, sich genauer zu informieren, als es der Fließtext an dieser Stelle ermöglicht – ohne dass ihn der Lesefluss dazu zwingt.

9.4.1 Bild- und Tabellenverweise

Sind Bilder bzw. Grafiken nicht „selbsterklärend", so müssen ihre Aussagen auf jeden Fall im Text erläutert werden.

Tabellen sind spezielle Textinformationen (z. B. Werte), die nach einem besonderen Ordnungsschema zusammengestellt sind. Auch Tabellen müssen erläutert werden, wenn der Leser z. B. Gesetzmäßigkeiten bei den Werten erkennen soll.

Für den Leser wäre es ideal, wenn nach dem Bild- oder Tabellenverweis unmittelbar das Bild oder die Tabelle folgen könnte. Eine solche Anordnung führt aber im Normalfall zu einem unübersichtlicheren Layout und ist nicht immer leicht realisierbar. Man nutzt diese Form eher in besonderen Fällen, zum Beispiel in Zeitschriften, bei Bildberichten oder bei Dokumentationen, bei denen die Bilder die eigentlichen Kernaussagen beinhalten.

Der Leser muss also normalerweise auf das entsprechende Bild oder die entsprechende Tabelle verwiesen werden, die – wenn möglich – auf derselben Seite oder Doppelseite stehen sollten. Der Verweis fordert den Leser auf, seinen Lesefluss zu unterbrechen und sich das Bild oder die Tabelle zu betrachten. Deshalb sollten Sie den Verweis möglichst an einer leicht wieder auffindbaren Stelle im Text setzen (z. B. am Absatzende).

Bildverweis

In der Verweisangabe steht die Bild- oder Tabellennummer, die auch in der Bildunter- oder Tabellenüberschrift angegeben ist. Bei den meisten Siemens-Fachbüchern besteht die Nummer aus zwei Ziffern, die durch einen Punkt getrennt sind. Die erste Ziffer gibt die Kapitelnummer an, in dem das Bild oder die Tabelle steht. Die zweite Ziffer ist das Ergebnis aus der fortlaufenden Nummerierung der Bilder bzw. der Tabellen innerhalb eines Kapitels. Bei den meisten Zeitschriften sind die Bilder innerhalb eines Artikels einfach von 1 an durchgezählt.

In den meisten unserer Bücher beginnen Bildunterschriften (in einer Art „Corporate Buchdesign") in halbfetter Schreibweise mit dem Wort „Bild" und der Bildnummer, Tabellenüberschriften mit dem Wort „Tabelle" und der Tabellennummer. Darauf folgt ein Kurztext mit der Kernaussage des Bildes oder der Tabelle. Bildunter- und Tabellenüberschriften sind in kleinerem Schriftgrad dargestellt als der Fließtext.

Bildunter-/ Tabellenüberschriften

Genausogut kann man die Bezeichnungen „Abb." oder „Abbildung" bzw. „Tab." verwenden, kann man Bilder und Tabellen vom Beginn bis zum Schluss ohne Kapiteluntergliederung durchzählen und sie statt in der Form „1.1" z. B. mit „1-1" usw. nummerieren. Das ist mehr oder weniger eine Frage des Geschmacks.

Im Bild verwendete Abkürzungen, Symbole oder grafische Muster sind in der Bildlegende zu erläutern. Bildlegenden lassen sich z. B. gut über der Bildunterschrift platzieren (siehe auch Abschnitt 9.5).

9.4.2 Querverweise

Werden Sachverhalte an anderer Stelle ausführlich erläutert, so sollten Sie den Leser auf die entsprechenden Stellen verweisen (Querverweis). Der Verweis auf einen Abschnitt ist dem Verweis auf eine Seite vorzuziehen; denn Abschnittsbezeichnungen können Sie bereits bei Manuskripterstellung angeben, endgültige Seitenzahlen stehen erst nach der letzten Umbruchkorrektur fest.

Besonders nachteilig sind Seitenangaben, wenn bei der Korrektur oder für Neuauflagen Inhalte geändert werden. Dann müssen sämtliche Seitenzahlen der Querverweise überprüft und eventuell korrigiert werden.

Beachten Sie: Verweise auf Abschnitte sind nur dann sinnvoll, wenn diese nicht mehr als drei oder vier Druckseiten umfassen.

9.4.3 Fußnoten und Endnoten

Fußnoten unterbrechen den Lesefluss, sind – trotz Desktop-Publishing – nicht immer einfach zu setzen und somit häufig eine Fehlerquelle. Deshalb sollten Sie Fußnoten möglichst vermeiden und entsprechende Kommentare in den Fließtext einfügen (z. B. in Klammern). Dies ist aber nur dann sinnvoll, wenn es sich um gelegentliche und kurze Bemerkungen handelt, sonst bleibt auch hier der Lesefluss auf der Strecke. Haben Sie einen umfangreicheren Bedarf, Ihren Text über eingeschobene Passagen zu erläutern, entscheiden Sie sich für Endnoten. Hier kann sich der Leser selbst aussuchen, ob und, wenn ja, welchen Verweisen er folgen möchte oder nicht.

Sind Fußnoten aber wirklich unumgänglich (z. B. in juristischen Texten), dann können Sie bei maximal drei Fußnoten auf *derselben Druckseite* mit hochgestellten Sternzeichen (*) darauf verweisen. Diese Zeichen werden vor der Fußnote wiederholt. Bei mehr als drei Fußnoten sollten Sie mit hochgestellten Ziffern auf die Fußnote verweisen (z. B. Analysewerte[1]). Hinter Zahlen sollten die Ziffern mit einer Klammer abgeschlossen sein, damit sie als Fußnotenzeichen und nicht als Exponent verstanden werden. Fußnoten sind dann sinnvoll, wenn sie so häufig benötigt werden, dass sie ein gängiges Element des Satzspiegels bilden. Dann bietet sich dem Auge des Lesers ein gefälliges Layout und die technische Umsetzung lohnt sich. Fußnoten sind für Bemerkungen geeignet, die für Einschübe mittels Klammern im Fließtext zu lang sind und für Endnoten zu kurz, da diese ja zeitaufwändiges Nachschlagen erfordern. Grundsätzlich sollten Sie sich bei der Verwendung von Fuß- oder Endnoten Folgendes bewusst machen: Sie möchten mit diesen Ergänzungen eine Zusatzinformation vermitteln, die Sie erwähnenswert finden. Ist die Information dann nicht so wichtig, dass Sie diese gleich im Fließtext eingliedern sollten? Oder ist die Bemerkung doch von so marginaler Bedeutung, dass man auf ihre Erwähnung auch verzichten kann? Wenn weder das eine noch das andere zutrifft, sind Fuß- und Endnoten ein praktikabler Weg für kleine Exkurse. Auch hier gilt das Prinzip der Einheitlichkeit: Für welche Variante Sie sich auch entscheiden, setzen Sie sie konsequent um!

9.5 Das Bild – Gestaltung und Technik

Technische Sachverhalte lassen sich oft sehr viel besser im Bild darstellen als im Text. Bedenken Sie also: Ein Bild sagt mehr als tausend Worte!

Grundsätzlich ist zwischen zwei Arten von Abbildungen zu unterscheiden, Halbton- und Strichabbildungen. Halbtonabbildungen sind im Normalfall Fotos, Strichabbildungen sind grafisch erstellt.

Fotos müssen aussagekräftig und deren Bildausschnitte optimal gewählt sein. Grafiken sind wohlproportioniert zu gestalten, d. h. die Größen der Bildelemente, der Verbindungslinien und der Beschriftung müssen zusammenpassen, und die Rasterung oder Farbgestaltung ist so zu wählen, dass sie mit den Inhalten der Grafik harmoniert.

Bilder werden (falls es nicht einen separaten Bildteil gibt) in der Nähe des Bildverweises positioniert, bei unseren Büchern z. B. bevorzugt am Kopf oder Fuß einer Seite (siehe auch Abschnitt 9.4.1). Bildunterschriften setzt man normalerweise etwas kleiner als die Grundschrift des Fließtextes; für Bildnummern bietet sich die Auszeichnung mit halbfetter Schrift an.

Halbtonabbildungen

Vorlagen   Vorlagen für Halbtonabbildungen können Sie liefern als:

- Fotos,
- Scanvorlagen,
- auf digitalen Datenträgern (CD-ROM, USB-Stick) oder
- per E-Mail (kleinere Datenmengen, derzeit bis ca. 8 MB) bzw. ISDN (größere Datenmengen).

Für 1-farbigen Druck sollten Sie 1-farbige Vorlagen liefern, für 4-farbigen Druck 4-farbige Vorlagen. Für Zeitschriftenartikel benötigen Sie normalerweise Farbvorlagen, für Dokumentationen und Fachbücher meist Schwarzweißvorlagen. Immer mehr Fachbücher werden farbig angelegt, weil die Kostendifferenz zwischen schwarzweiß und farbig immer geringer wird.

Achten Sie unbedingt auf die Qualität der Vorlage – auf Kontrast, Schärfe und Sauberkeit! Die Auflösung für eine gute Wiedergabe beträgt 300 dpi, wenn das Bild in Originalgröße abgebildet werden soll.

Bildgröße   Ein Bild lässt sich normalerweise fast beliebig verkleinern oder vergrößern, allerdings müssen Breite und Höhe zum Seitenlayout passen und der Informationsinhalt ist in einer ansprechenden Größe darzustellen. Ein Bild sollte nicht zu viele, aber auch nicht zu wenige Details aufzeigen.

Bildqualität   Das Verbessern einer Bildvorlage durch Bildbearbeitung oder Retusche ist oft nur in begrenztem Umfang möglich und unter Umständen auch sehr teuer. Nur bedingt als Vorlage geeignet ist ein gerasterter Druck, der direkt aus einer Publikation übernommen wurde. Durch die nochmals stattfindende Rasterung kann ein unschönes Muster entstehen (Moiré), außerdem nimmt die Schärfe des Bildes ab.

Strichabbildungen

Strichabbildungen bestehen aus vollen gedeckten und ungedeckten Flächen (auch Linien oder Punkte gelten als Flächen). Teilbereiche davon können mit einem Raster unterlegt werden.

Für Linienstärken könnten Sie zum Beispiel folgende Maße wählen:

• 0,5 pt (= 0,175 mm) für Netze und Bezugslinien,

• 1 pt (= 0,35 mm) für Hauptteile und

• 1,5 pt (= 0,7 mm) für hervorzuhebende Teile.

Für die Rasterung von Bildteilen ist folgende Einteilung sinnvoll:

• 10%, 20 % und 30% schwarz (vgl. Kapitel 5)

• 30%, 60% und 100%, wenn außer Schwarz noch eine Farbe verwendet wird.

Sind Linien oder Raster zu dünn, so sind sie im Druck nicht sichtbar. Bei zu grober Ausführung zerstören sie die Optik des Gesamtbildes. Zwischen einzelnen Graustufen sollte zur besseren Unterscheidung ein genügender Kontrast vorhanden sein.

Bild 9.1 zeigt eine typische Schemazeichnung mit umrahmten Infokästen, Bild 9.2 zeigt die gleiche Grafik in Schwarzweiß und in verschiedenen farbigen Varianten.

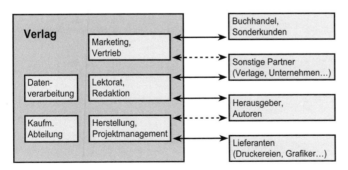

Bild 9.1 Schemazeichnung mit umrahmten Infokästen

129

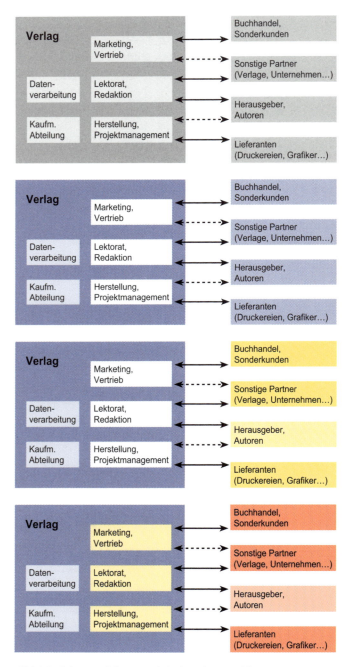

Bild 9.2 Schemazeichnung: einfache, elegante Lösungen

Nach dem heutigen Stand der Technik ist es bei Fachbüchern, Vertriebsunterlagen oder Dokumentationen am günstigsten, wenn der Autor die Grafiken selbst erstellt (es sei denn, die Grafiken sollen in spezieller Technik aufbereitet sein). Als Grafikprogramme kommen CorelDraw, FreeHand oder Adobe Illustrator in Frage sowie nur bedingt PowerPoint oder die Word-Zeichnungsfunktion, da sie häufig technische Probleme bei der Umsetzung verursachen. Die Verwendung weniger üblicher Programme sollten Sie mit dem Verlag klären.

Grafik-
programme

Die beste Weiterverarbeitung ist gewährleistet, wenn Sie jede fertige Grafik in einer separaten Datei speichern. Gewöhnlich ist dabei das Format „Postscript" bzw. „Encapsulated Postscript" (eps) zu verwenden. Für eventuelle nachträgliche Korrekturen benötigt der Verlag noch zusätzlich die offene Datei., d. h. die Daten im Erstellungsprogramm gespeichert.

Wenn Sie mit einem Verlag zusammenarbeiten, sollten Sie die Bildgestaltung möglichst früh mit dem zuständigen Redakteur oder Verlagshersteller absprechen. Ihr Partner im Verlag gibt Ihnen die exakte oder die maximale Breite und Höhe für die Grafiken vor und sagt Ihnen, welche Linienstärken oder Rasterungen Sie verwenden können, wenn Ihr Grafikprogramm nicht die vom Verlag bevorzugten Möglichkeiten bietet.

Gestaltungs-
vorgaben durch
einen Verlag

Ihr Arbeitsaufwand für die Bildgestaltung (und der Korrekturaufwand im Verlag) ist dann am geringsten, wenn Sie einige Grafiken gestalten, diese mit dem Redakteur besprechen und die Änderungswünsche bei diesen und den weiteren Grafiken dementsprechend umsetzen. Kommen bei weiteren Grafiken neuartige Elemente hinzu, sollten Sie diese gleich mit dem Redakteur besprechen.

Für die Beschriftung der Grafiken empfiehlt sich eine serifenlose Schrift. In unseren Büchern verwenden wir meistens Arial, weil die Autoren normalerweise mit dieser Schrift arbeiten. Die Grundschriftgröße für die Bildbeschriftung beträgt in unseren Büchern meist 8 pt, das entspricht einer Höhe der Großbuchstaben (Versalhöhe) von ca. 2 mm. Zum Hervorheben einzelner Teile der Bildbeschriftung verwenden Sie am besten fette Auszeichnung, nicht größere Schrift (vgl. Kapitel 5).

Bild-
beschriftung

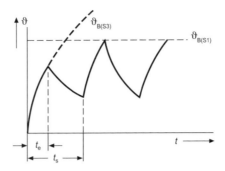

Bild 9.3 Einfaches Diagramm ohne Angabe exakter Größen

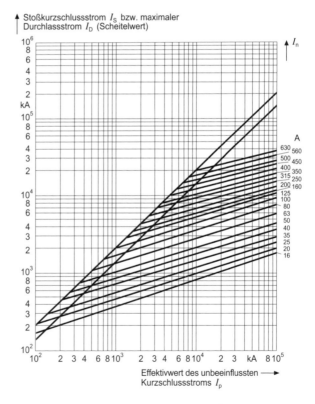

Bild 9.4 Komplexes Diagramm mit Bezugslinien

Ob Bildelemente mittenzentriert oder linksbündig beschriftet werden sollen, hängt von der Länge der Beschriftung ab. Bei kurzen Beschriftungen ist Mittenzentrierung vorzuziehen, bei längeren Linksbündigkeit. Auf jeden Fall ist dabei aber auf Einheitlichkeit in allen Bildern zu achten.

Oft ist es auch günstig, Bildelemente zu nummerieren und die Erläuterung dieser Elemente neben oder unter das Bild zu stellen oder in die Bildunterschrift zu integrieren (Bildlegende). Vor allem, wenn die Bildinhalte für Ausgaben in anderen Sprachen verwendet werden sollen, lassen sich damit Arbeit und Kosten sparen.

Wenn Sie Diagramme erstellen, ist es wichtig, dass Sie auf einheitliche Darstellung und einheitliche Beschriftung der Diagramme achten. Zu beachten sind:

Diagramme

- Beschriftung der Achsen mit Zahlen,

- Beschriftung der Achsen mit Einheiten (z. B. „mm"),

- Beschriftung der Achsen mit Größen (z. B. „Länge") und

- Stand der Pfeile in Richtung der Achsen.

Bei gleichartigen Diagrammen ist möglichst auch der gleiche Maßstab für die einzelnen Achsen zu wählen. Die Bilder 9.3 und 9.4 zeigen typische Diagramme aus Werken unseres Verlags. Insbesondere für statistische Tabellen bietet die DIN 55301 eine weitere Orientierungshilfe.

9.6 Tabellengestaltung

Eine Tabelle ist eine systematische und kompakte, übersichtliche Darstellung von Daten.

Einfache Textlisten sollten Sie nicht als Tabelle darstellen, sondern im laufenden Text unterbringen.

Wie Bilder sollten sich auch Tabellen in unmittelbarer Nähe der Verweisangabe im Text befinden (siehe Abschnitt 9.4.1), in vielen unserer Bücher ist dies wahlweise am Kopf oder am Fuß der Seite mit etwa zwei Leerzeilen Abstand zum Text.

Im Allgemeinen wählt man Schriftgrad und Zeilenabstand etwas kleiner als für den Grundtext. Auch ist bei der Erstellung die Spaltenbreite bzw. die Breite des Satzspiegels zu beachten. Tabellen sollten möglichst auf eine Seite, im Ausnahmefall auf eine Doppelseite passen. Eine Tabelle, die über mehrere Seiten läuft, ist unübersichtlich (doch leider manchmal nicht zu vermeiden).

Tabelleninhalte werden normalerweise linksbündig gesetzt, da sich damit ein ruhigeres Schriftbild ergibt als bei mittenzentriertem oder Blocksatz (aber: Ausnahmen be-

Tabelle 9.1 Offene Tabelle ohne spezielle Auszeichnung

	Kapitel 1	Kapitel 2	Kapitel 3	Glossar
Autor	Hansen	Müller	Schmidt	Hofmann
Korrektor	Meyer	Olsen	Oppenheim	Schröder
Freigabe	Thaler	Merz+Frick	Hürlimann	–

Tabelle 9.2 Offene Tabelle ohne spezielle Auszeichnung

	Kapitel 1	Kapitel 2	Kapitel 3	Glossar
Autor	Hansen	Müller	Schmidt	Hofmann
Korrektor	Meyer	Olsen	Oppenheim	Schröder
Freigabe	Thaler	Merz+Frick	Hürlimann	–

Tabelle 9.3
Geschlossene Tabelle mit verschiedenen Auszeichnungen

Jahr	1	2	3	4	Summe
Variante A					
Umsatz	–	–	100	50	150
Kosten	30	80	10	–	120
Ergebnis	–30	–80	90	50	30
Variante B					
Umsatz	–	10	110	40	160
Kosten	70	70	–	–	140
Ergebnis	–70	–60	110	40	20

stätigen die Regel). Der Abstand zwischen den einzelnen Zeilen und Spalten ist so zu wählen, dass Informationsblöcke deutlich als solche zu erkennen sind. Dadurch darf die Tabelle aber nicht „zerrissen" wirken.

Insgesamt sollte die Gestaltung so dezent wie möglich sein, damit das Äußere nicht vom Inhalt ablenkt (dünne Linien, sparsame Verwendung von Auszeichnungen, z. B. kursive Schrift oder graue Unterlegung einzelner Zeilen oder Spalten ähnlich wie im Kapitel 4).

Tabelle 9.1 zeigt eine offene Tabelle ohne spezielle Auszeichnung, mit Kopf-, Hals-, Fuß- und Längslinie (das ist die senkrechte Linie), Tabelle 9.2 zeigt die gleichen Inhalte wie Tabelle 9.1, aber statt mit Linien wurde hier mit Grautönen gearbeitet. Tabelle 9.3 ist eine aufwändigere, geschlossene Tabelle mit verschiedenen Auszeichnungen.

9.7 Richtiges Zitieren

Wenn Sie Texte, Bilder, Tabellen aus Büchern, Zeitschriften oder Ähnlichem verwenden, müssen Sie dies in Ihrem Beitrag als Zitat angeben (Nicht-Zitieren ist kein Kavaliersdelikt, sondern Diebstahl geistigen Eigentums!). Bei größeren Textteilen, Bildern und Tabellen, die Sie unverändert übernehmen wollen, benötigen Sie auch eine Abdruckgenehmigung vom Inhaber des Copyrights. Wenn das ins Konzept des Textes passt, kann man dann zum Beispiel bei mehrzeiligen Zitaten den Text an beiden Seitenrändern einziehen und den Schriftgrad um eineinhalb oder zwei Punkt verkleinern; eventuell ist auch ein anderer Schrifttyp sinnvoll.

Generell empfiehlt es sich, die genauen Quellenangaben in einem separaten Literaturverzeichnis aufzuführen. In dieses Verzeichnis können Sie auch weiterführende Literatur zum Thema aufnehmen und so dem Leser eine Literaturliste anbieten, mit deren Hilfe er sich zusätzlich informieren kann.

Wenn Ihr Text nur sehr wenige Zitate enthält, können Sie die genauen Quellenangaben in Klammern mit den Vermerken „entnommen aus: ..." oder „nach ..." an den be-

Literaturverweise im Fließtext

treffenden Stellen anfügen (im Bild unter der Bildunterschrift, in der Tabelle unter der Tabellenüberschrift).

Das Literaturverzeichnis

Das Literaturverzeichnis können Sie alphabetisch nach Verfassern oder in der Reihenfolge der Titelnennung im Beitrag sortieren. Letzteres sollten Sie aber nur machen, wenn der Umfang des Beitrages sowie des Literaturverzeichnisses sehr überschaubar ist; ansonsten ist dieses System zu unübersichtlich. Im Text müssen Sie dann die Verfasser angeben oder mit Nummern auf die entsprechenden Quellenangaben im Literaturverzeichnis verweisen. Die Nummern sind in eckigen Klammern anzugeben [...]. Auch für die Autorenverweise ist diese Form sinnvoll (nach [Autorenname]), man kann den Autor und/oder dessen Werk aber auch einfach im Fließtext erwähnen. Bei sehr umfangreichen Werken ist es oft nützlich, das Literaturverzeichnis nach Themenfeldern oder nach Kapiteln zu untergliedern, innerhalb derer die Literatur dann alphabetisch nach Autorennamen geordnet wird.

Titelangaben

International gibt es letztlich bis heute keine einheitliche Regelung für Titelangaben. Die folgenden Regeln beruhen im Wesentlichen auf DIN 1505 Teil 2, Titelangaben von Schrifttum, Zitierregeln, Ausgabe Januar 1984. Sie beziehen sich auf Bücher und Zeitschriften. Bei anderen Schrifttumsarten wie z. B. Tagungsschriften, Forschungs- oder Entwicklungsberichten können Sie sinngemäß nach denselben Regeln verfahren. Im Zweifelsfall müssen Sie sich an das DIN-Normblatt halten.

Titelangaben von Büchern

Geben Sie die Buchtitel am besten nach folgendem Schema an:

Verfasser 1 / Verfasser 2 / ...: Titel, Untertitel. Band. Auflage. Erscheinungsort: Verlag, Erscheinungsjahr.

Die Satzzeichen trennen die verschiedenen bibliographischen Angabefelder.

Verfasser: Mehrere Verfasser sind jeweils durch einen Schrägstrich voneinander zu trennen. Dem Familiennamen folgt durch Komma und Leerzeichen getrennt die Initiale des Vornamens. Die Verfasserfunktionen werden den Namen abgekürzt in Klammern angefügt: (Hrsg.), (Mitarb.), (Bearb.), (Übers.).

Titel: Enthält der Haupttitel zuwenig Information für den Leser, können Sie – wenn sinnvoll möglich, durch Kommazeichen getrennt – auch noch den Untertitel angeben.

Bandangabe: Diese Angabe ist nur bei Sammelwerken notwendig. Gegebenenfalls sollten Sie zusätzlich auch den Reihentitel angeben.

Auflage: Abgekürzt angeben, z. B. 5. Aufl.

Erscheinungsort: Bei mehreren Verlagsorten genügt als Erscheinungsort der erstgenannte.

Verlag: Verlag in Kurzform ohne das Wort „Verlag" und die Gesellschaftsform, z. B. nur: Springer.

Erscheinungsjahr: Laut Impressum.

Beispiel:

Meyer, E. / Widmann, S.: FlipchartArt. 2. Aufl. Erlangen: Publicis, 2008.

Zur weiteren Erläuterung ließe sich hier noch der Untertitel angeben, was aber eher „Luxus" ist.

Geben Sie die Zeitschriftenbeiträge nach folgendem Schema an:

Titelangaben von Zeitschriftenbeiträgen

Verfasser: Titel. In: Zeitschriftentitel. Band (Erscheinungsjahr), Heftnummer, Seiten.

Verfasser: Mehrere Verfasser sind durch Semikolon voneinander zu trennen. Dem Familiennamen folgt durch Komma und Leerzeichen getrennt die Initiale des Vornamens.

Titel: Enthält der Titel des Beitrags zuwenig Information für den Leser, können Sie – wenn sinnvoll möglich, durch Kommazeichen getrennt – auch noch den Untertitel angeben.

Zeitschriftentitel: Häufig vorkommende Zeitschriftentitel können Sie auch gekürzt angeben. Für viele Zeitschriftentitel gibt es allgemein verwendete Kurzformen.

Bandzählung: Ohne Bezeichnung „Jahrgang", „Bd.", „Vol.", in Klammern das Erscheinungsjahr ergänzen.

Heftnummer: Abgekürzt „H. ...", oder bei englischen Titeln: „No. ..."

Seitenzahl: Abgekürztes „S. ..." (bei nur zwei Seiten steht „und", bei mehr Seiten „bis" zwischen den Zahlen) bzw. für englische Titel „P. ..."

Beispiel:

Nitzsche, U.: Neue Fahrerinformationssysteme. In: Components 33 (1995), H. 3, S. 72 und 73.

Titelangaben
von elektroni-
schen Beiträgen

Auf elektronische Quellen sollten Sie sich grundsätzlich nur stützen, wenn Sie keine Möglichkeit haben, sich auf eine Printversion zu beziehen. Der Grund liegt in der Kurzlebigkeit vieler Internetadressen – und schließlich haben Sie ja den Anspruch, dass der interessierte Leser auf Ihre verwendete Literatur auch noch nach einem Jahr zugreifen kann. Deswegen gilt: Die Printversion hat Vorrang vor der Onlinepublikation! Aus demselben Grund ist es bei Onlinepublikationen außerordentlich wichtig, dass Sie so viele Angaben zur Quelle machen, wie es Ihnen nur möglich ist. Hilfreich sind dabei die unter „Page-Info" eingestellten Informationen, die Sie über Netscape und Mozilla Firefox per Klick auf die rechte Maustaste erhalten (Achtung: Der Internet Explorer hat diesbezüglich für Sie keinen Nutzen). Sie werden nur in Ausnahmefällen in der Lage sein, eine – im Sinne der DIN 1505-3 – vollständige Literaturangabe zu einem elektronischen Text zu machen, die aus folgenden Angaben besteht: Autorenname(n), Titel, Untertitel, den Hinweis, dass es sich um eine Onlinepublikation handelt, Ort, Land, Herausgeber, Publikationsdatum, Revisionsdatum, Zitationsdatum und zum Schluss die vollständige URL, die ohne Punkt abgeschlossen wird.

Beispiel:

Dauderstädt, Michael. Neuseeland: kritische Bestandsaufnahme eines Modells [online]. Bonn (Deutschland): Friedrich-Ebert-Stiftung, 1998, revidiert 5.11.1999 [zitiert am 22.11.2006]: http://www.fes.de/organisation/europe/publicat/neuseela.html

9.8 Das Stichwortverzeichnis

Alle Bücher, die Leser auch zum Nachschlagen benützen, benötigen ein Stichwortverzeichnis, d. h. in der Regel jedes Lehr- oder Fachbuch. Ist das Stichwortverzeichnis gut, so haben Sie Ihrem Werk damit besondere Qualität verliehen, denn vielen Büchern merkt man an, dass das Anfertigen des Stichwortverzeichnisses zu den weniger attraktiven und auch nicht zu den einfachsten Aufgaben eines Autors zählt.

Das Stichwortverzeichnis sollte nicht mehr und nicht weniger als alle diejenigen Begriffe enthalten, die im inhaltlichen Zusammenhang Ihres Buchs bzw. Beitrags besonders erwähnenswert sind.

Im Stichwortverzeichnis sind alle Begriffe in alphabetischer Reihenfolge aufgelistet. Beschränken Sie sich zu jedem Stichwort auf möglichst maximal drei Verweisangaben; denn Ihr Leser möchte an den angegebenen Stellen nur Wesentliches im Zusammenhang mit dem Stichwort erfahren.

Im Normalfall enthält das Stichwortverzeichnis Seitenangaben, bei hochstrukturierten Texten ist auch die Angabe der Abschnittsnummern möglich – was allerdings äußerst selten der Fall ist.

Wie erstellt man ein Stichwortverzeichnis?

Der für den Verlag praktischste Weg ist, wenn Sie die Indexfunktion von Word nutzen und damit die Stichwörter in Ihr Manuskript eintragen. Die Übernahme der Stichwörter und der Aufbau des Verzeichnisses erfolgt mit Satzprogrammen, zum Beispiel mit FrameMaker, automatisch.

Erstellen mit der Word-Indexfunktion

Für Sie als Autor ist es allerdings der einfachste Weg, das Stichwortverzeichnis zu erstellen, wenn Ihnen der Seitenumbruch zur Korrektur vorliegt. Sie markieren die Stichwörter in einer Kopie des Umbruchs und tragen die Begriffe und Seitenzahlen am PC in eine Liste ein oder der Layouter übernimmt die Markierung für Sie.

Liste auf Basis des Umbruchs

Nutzung eines Dienstleisters

Es gibt auch Redaktionsdienstleister, die gerne für Sie das Erstellen des Stichwortverzeichnisses übernehmen und eine hohe Qualität liefern können. Die Kosten dafür müssten dann entweder von Ihnen oder vom Verlag übernommen werden, der Ihnen dann vielleicht deswegen ein niedrigeres Autorenhonorar bezahlt.

Wie sieht ein Stichwortverzeichnis aus?

Es gibt unterschiedliche Möglichkeiten der Auflistung der Stichwörter und verschiedene Möglichkeiten zur Angabe der Seitenzahlen. Einige davon wollen wir hier vorstellen.

Auflistung der Stichwörter

Im einfachsten Fall listet man alle Stichwörter alphabetisch auf – etwas Besseres können Sie zum Beispiel mit der Word-Indexfunktion nicht generieren, es sei denn Sie oder der Layouter bearbeiten das Stichwortverzeichnis „von Hand" nach. Ein Stichwort muss dabei nicht unbedingt aus nur einem Wort bestehen, es kann auch ein zusammengesetztes Wort oder eine Kombination von Wörtern sein.

Spezifizierungen übergeordneter Stichwörter oder Wortzusammensetzungen, bei denen die Erläuterung im Fließtext vor dem im Verzeichnis aufgelisteten Stichwort steht, können Sie in den Zeilen unter dem jeweiligen Stichwort aufführen, z. B. indem Sie die Zeile mit einem Gedankenstrich und einem Komma beginnen und dann die Spezifizierung bzw. den zusätzlichen Wortteil angeben.

Beispiel:

Arbeitspaket
–, Definition
–, Referenz-

Bei Bedarf können Sie z. B. aus zwei Wörtern zusammengesetzte Stichwörter zweimal angeben.

Beispiel:

Arbeitsrecht
...
Recht, Arbeits-

Auch bei den Seitenangaben gibt es mehrere Möglichkeiten:

- Sie können jeweils die Seiten angeben, bei denen der Text zu dem Stichwort beginnt.
- Sie können f. oder ff. angeben, wenn der Text auf der nächsten oder den weiteren Seiten weiterläuft.
- Sie können die wichtigsten Seitenangaben fett setzen.

Seitenangaben

Wie Sie tatsächlich vorgehen, sollten Sie in der Endphase der Manuskripterstellung mit dem Redakteur abklären, denn je nach Umfang und Gehalt des Werkes ist eine andere Art von Stichwortverzeichnis empfehlenswert.

Zum Abschluss dieses Abschnitts als nachahmenswertes Beispiel noch ein Auszug aus einem gut strukturierten Stichwortverzeichnis (Burghardt, Projektmanagement):

Änderungsprozess
–, begleitender **51**
AKZ siehe Auftragskennzeichen
Auftragskennzeichen **85 f.**, 90
Aufwandsschätzverfahren 130
– SLIM- **132 ff.**, 140

10 Netikette – Kommunikation im Internet

Das Kunstwort *Netiquette* oder *Netikette* setzt sich aus den englischen Begriffen „net" für Netz und „etiquette" für Etikette zusammen. Ursprünglich waren damit Verhaltensempfehlungen für das sogenannte Usenet gemeint, d. h. für die Kommunikation von Teilnehmern untereinander innerhalb von Newsgruppen oder Foren im Internet. Inzwischen sind diese Regeln ein wichtiger Bestandteil der gesamten Netzkultur. Sie sollten deshalb möglichst bekannt sein und beachtet werden, wenn sich Menschen über das Internet austauschen, sei es durch E-Mail, in Newsgruppen, Foren oder Weblogs. Netiquette wird inzwischen von vielen Netzteilnehmern als sinnvoll anerkannt, hat aber keinerlei rechtliche Relevanz.

Wir wollen uns an dieser Stelle auf ein paar einfache Regeln bzw. Hinweise für die Kommunikation über E-Mail beschränken, durch die einige Missverständnisse von vornherein vermieden und somit die Kommunikation vereinfacht werden kann.

Tonfall und Inhalt

E-Mail-Kommunikation bleibt Kommunikation von Mensch zu Mensch.

Tonfall und Inhalt sollten dem Adressaten gegenüber angemessen sein, d. h. durch persönliche Animositäten und Doppeldeutigkeiten sollte die Kommunikation nicht unnötig erschwert werden. Auf „bitte" und „danke" sollte auch in der E-Mail-Kommunikation nicht verzichtet werden. Denken Sie beim Verfassen einer E-Mail daran, dass unter Umständen auch Dritte Zugriff darauf haben könnten. Deshalb: Schreiben Sie nie etwas, was Sie dem Adressaten nicht von Angesicht zu Angesicht auch vor anderen Leuten sagen würden! Und erwarten Sie keine unmittelbare Antwort.

Lesbarkeit

Korrekte Schreibweise ist auch in einer E-Mail unerlässlich.

Damit Ihre E-Mail möglichst einfach gelesen und interpretiert werden kann, sollte auch beim Schreiben dieser Nachrichten auf korrekten Satzbau, Rechtschreibung, Groß- und Kleinschreibung sowie richtiges Zitieren von Materialien Dritter geachtet werden.

Fassen Sie sich kurz.

Eine maximale Zeilenlänge von ca. 80 Zeichen erspart dem Adressaten unnötiges Scrollen am Bildschirm und somit Informationsverlust. Eine Strukturierung durch Absätze oder Hervorhebungen erleichtert das Erfassen von wichtigen Inhalten. Auf Text in Block(=Groß)buchstaben sollte wegen schlechter Lesbarkeit möglichst verzichtet werden. Nutzen Sie die Formatierungsmöglichkeiten Ihres E-Mail-Programms für eine sinnvolle Gliederung längerer Texte. Vielleicht können Sie sogar sicherstellen, dass dies vom Empfänger-Mailprogramm auch unterstützt wird.

Strukturierung/ Formatierung

Eindeutige Angaben in der Subject-Zeile erleichtern die Bearbeitung.

Betreff/Subject

Die Subject- oder Betreff-Zeile einer E-Mail ist neben dem Absender und Datum das erste „Erkennungszeichen" für den Empfänger, nach dem er die Wichtigkeit der E-Mails einordnen kann. Außerdem ist diese Zeile neben dem Datum und Empfänger auch das wesentliche Selektionskriterium, wenn man in Mailarchiven nach dort abgelegten Informationen sucht.

Deshalb geben Sie dem Empfänger mit diesem „Betreff" möglichst eindeutig an, was der Inhalt Ihrer Mail ist. Gegebenenfalls lässt sich dort auch ein Wunsch nach dringender Antwort unterbringen. Denken Sie daran, dass sich oft bereits bei der ersten Antwort, spätestens aber nach mehrmaligem Hin- und Herschicken einer E-Mail über die Antwort-(Reply-)Funktion das Thema der Mail gravierend geändert hat. Der gleiche Betreff in der Subject-Zeile, ergänzt durch mehrere „Re:", „Fw:"oder „Wg:" ergibt daher für den Empfänger keinen Sinn. Deshalb sollten Sie je nach Inhalt und Zielsetzung Ihrer Mail immer wieder einen neuen Betreff formulieren.

Nachrichtenlänge und -form folgen dem Inhalt.

Prägnanz

143

Für eine kurze Anfrage per E-Mail in Erwartung auf eine schnelle Antwort reicht auch ein kurzer und prägnanter Nachrichtentext. Der Inhalt sollte so gut wie möglich zum Betreff passen, d. h. für ein anderes Thema ist es möglicherweise besser, eine zusätzliche, getrennte Mail zu verfassen. Außerdem kann es sinnvoll sein, längere Zusatzinformationen in einer separaten Datei als Anhang mitzusenden.

Textqualität *Wichtiges sollte auch ordentlich übermittelt werden.*

Achten Sie in Ihren Nachrichten auf korrekte Syntax und Grammatik. E-Mail ist ein schnelles Medium, dennoch dient es zur vernünftigen Kommunikation und verdient ebenso Sorgfalt wie jede andere Kommunikation.

Konflikte *Hitzige Diskussionen oder Ärger in einer E-Mail möglichst vermeiden.*

Nachrichten, die im Affekt von Ärger oder Wut geschrieben werden, lassen Konflikte weiter eskalieren und werden oft genug später bedauert. Warten Sie in solchen Situationen lieber eine Weile, denken Sie noch einmal nach, um dann eine möglichst sachliche Antwort zu formulieren.

Emoticons *Smileys sind nicht immer als Ersatz für Körpersprache, Gestik oder Mimik geeignet.*

E-Mail-Kommunikation ist heute fast so zeitnah wie ein persönliches Gespräch. Allerdings fehlt ihr jegliche Form von Körpersprache, Gestik oder Mimik. Dieses Problem hat die Internet-Gemeinde bereits vor Jahren durch Kombination von wenigen ASCII-Zeichen gelöst, die verschiedene Gesichtsausdrücke nachbilden, wenn man den Kopf beim Betrachten nach links neigt. Diese „Gesichter" – am bekanntesten sind die klassischen :-) und :); beide stehen für ☺ – können eine Vielzahl von Stimmungen ausdrücken. Setzt man diese Emoticons oder Emotiogramme behutsam ein, lässt sich ein Unterton einer Nachricht zum Teil besser ausdrücken als nur durch das geschriebene Wort. Bei wahllosem Einsatz verlieren die Smileys jedoch schnell ihre Bedeutung.

Bezug auf Originaltexte *Antworten möglichst nicht vom ursprünglichen Kontext lösen.*

144

Gerade, wenn der Empfänger täglich viele Mails erhält, sollten Sie ihm die Interpretation Ihrer Antwort so leicht wie möglich machen; insbesondere gilt dies, wenn Sie Fragen beantworten oder einzelne Stellen einer Mail kommentieren. Kaum einer hat Lust, sich nochmals durch mehrseitige Originalnachrichten oder verschiedene Stationen einer Weiterleitung zu scrollen. Sie können dem Empfänger die Arbeit erleichtern, indem Sie in Ihren Text einfach die signifikanten Stellen aus der Originalnachricht einkopieren. Dabei sollten Sie beachten: so viel wie nötig, aber so wenig wie möglich. Optische Trennungen zwischen Ursprungstext und Ihrer Antwort oder farbige Auszeichnung erleichtern zusätzlich ein schnelles Erfassen. Ein solches Vorgehen lohnt sich auch für Sie, wenn später auf Details der Mail zurückgegriffen werden muss.

Vorsicht bei E-Mail-Verteilern.
Verteiler prüfen

Bevor Sie Ihre Antwort senden, prüfen Sie lieber noch mal, ob die Nachricht richtig adressiert ist. Vermeiden Sie Verwirrung oder gar Ärger, weil die Antwort an eine Mailingliste gesendet wird, anstatt an den einzelnen Adressaten, den es betrifft.

Mails nur an die relevanten Zielpersonen schicken.
Adressaten

Überlegen Sie gut, wem Sie eine Nachricht schicken (To) und wem eine Kopie (cc) oder eine Blind Copy (bcc). Das Verschicken von E-Mails macht keine Arbeit, das Lesen aber umso mehr. Nur wer die Information wirklich brauchen kann, soll sie auch erhalten.

Signaturen sinnvoll einsetzen.
Signatur

Viele E-Mail-Programme erlauben das automatische Anhängen eines individuell zusammengestellten Textblocks, der sogenannten Signatur. Eine persönliche Signatur bietet die Möglichkeit, sich als Absender für den Empfänger treffend zu beschreiben und weitere Kontaktmöglichkeiten mit Ihnen selbst über Telefon oder Fax anzugeben. Die Signatur ist neben Ihrer Mailadresse für den Empfänger oft die einzige Information über Sie als Absender und damit auch die einzige Möglichkeit, die Herkunft der Mail zu identifizieren. Dennoch: Halten Sie die Signatur mit vier bis sieben Zeilen kurz. Mittels variabler Signaturen können Sie – je nach Empfänger – weitere Bemerkungen, Zitate oder Slogans an Ihre Nachricht anhängen und diese somit etwas auflockern. Beachten Sie dabei jedoch, dass nicht jeder Spruch für jeden geeignet ist und jeder zusätzliche Text Ihre Signatur entsprechend verlängert.

Viele Programme erlauben auch das Anhängen einer Visitenkarte mit weiteren Daten des Absenders. Um diese lesen zu können, ist HTML-Code notwendig. Dass die Option zum Lesen von HTML-Code vorhanden bzw. eingeschaltet ist, kann nicht immer vorausgesetzt werden.

Angaben
über Ihr
Unternehmen

Geschäftliche E-Post

Fast alle Mitteilungen inklusive E-Mails, die ein Unternehmen verlassen, gelten als Geschäftsbriefe. Die Signaturen dieser E-Mails müssen somit den Anforderungen genügen, wie sie auch für Briefpost gelten. Im Gesetz über elektronische Handelsregister und Genossenschaftsregister sowie das Unternehmensregister (EHUG) wurde geregelt, dass ab 1. Januar 2007 alle Kaufleute und Unternehmen verpflichtet sind, bestimmte Informationen zu sich oder ihrem Unternehmen bei jedem Schriftwechsel mitzugeben. Dabei kommt es auf die äußere Form der Mitteilung nicht an. Geschäftsbriefe können per Post oder elektronisch versendet werden, immer gelten dieselben Regeln – je nach Rechtsform des Unternehmens.

11 Der Urheber und seine Rechte

Mit der Schaffung des Urheberrechtsgesetzes (UrhG) vom 9.9.1965, das zuletzt am 10. November 2006 geändert wurde, verfolgte der Gesetzgeber das Ziel, den Schutz des Urhebers zu verbessern, wobei die Person des Urhebers und nicht das Werk von zentraler Bedeutung ist. Das UrhG gewährleistet diesen Schutz, indem es bei dem Produkt der urheberischen Leistung ansetzt, also das Werk als Gegenstand des Urheberrechtsschutzes betrachtet.

In Deutschland entsteht der Urheberschutz kraft Gesetzes und kann nicht durch eine Hinterlegung oder Eintragung des Werkes oder sonstige amtliche Handlungen erreicht werden.

Sie finden das Urheberrecht oder das Gesetz über das Verlagsrecht im Internet unter: http://bundesrecht.juris.de

11.1 Voraussetzungen für den urheberrechtlichen Schutz von Werken

§ 7 UrhG definiert den Urheber als Schöpfer des Werkes, das eine persönliche (menschliche) geistige Schöpfung sein muss (§ 2 Abs. 2 UrhG), die in einer wahrnehmbaren Form ihren Niederschlag gefunden hat. Die „persönliche geistige Schöpfung" erfordert auch, dass das Werk ein Produkt des individuellen geistigen Schaffens des Urhebers darstellt, da nur individuelle Teile eines Werkes vor Nachahmung geschützt sind. Die Individualität kann sich aus der Konzeption ergeben oder aus der Formgebung des Werkes. Damit das Werk wirklich schutzwürdig ist, muss die geistig-schöpferische Leistung immer eine bestimmte „Gestaltungshöhe" erreichen – so wie es auch im Patentwesen zum Erlangen von Patenten nötig ist.

Individualität als Schutzvoraussetzung

Geschützte Werke

In § 2 Abs. 1 UrhG werden schutzfähige Werke beispielsweise aufgezählt. Geschützt sind nur Werke, die der Werkkategorie der Wissenschaft, Literatur oder Kunst angehören; amtliche Werke, also Gesetze, Urteile oder Verordnungen sind nicht geschützt; DIN-Normen hingegen sind im Prinzip geschützt, allerdings gibt es durchaus die Meinung, dass zumindest ein Teil der Normen nicht generell schutzfähig ist. In § 4 Abs. 2 S. 1 UrhG werden auch Datenbanken als Sammelwerke i. S. d. § 4 Abs. 1 UrhG dem urheberrechtlichen Schutz unterstellt. Zudem werden dem Datenbankhersteller die Leistungsschutzrechte gemäß §§ 87 a ff. UrhG zuteil.

Ende des Urheberrechts

Genießt ein Werk urheberrechtlichen Schutz, so erlischt das Urheberrecht gemäß § 64 UrhG 70 Jahre nach dem Tod des Urhebers bzw. gemäß § 65 Abs. 1 UrhG 70 Jahre nach dem Tod des längstlebenden Miturhebers, wenn mehrere Urheber ein Werk geschaffen haben. Hingegen genießen Datenbanken gemäß § 87 d UrhG einen Schutz von nur 15 Jahren.

Titelschutz

Titel von Werken sind nur dann schutzfähig, wenn sie unterscheidungsfähig sind, sich also inhaltlich bei einem Thema nicht quasi automatisch anbieten. So sind Titel wie „Softwareentwicklung" natürlich nicht schutzfähig. Der Titelschutz beginnt mit der Veröffentlichung, er kann allerdings durch Schalten einer Titelschutzanzeige vorverlegt werden.

11.2 Verwertungs- und Nutzungsrechte

Verwertungsrechte

Der Urheber ist Rechtsinhaber der Verwertungsrechte i. S. d. §§ 15 ff. UrhG an seinem Werk, die ihm das ausschließliche Recht geben, dieses in körperlicher und unkörperlicher Form zu verwerten und öffentlich wiederzugeben. Die Verwertungsrechte sichern die Kontrolle über die Nutzung des Werkes und geben dem Urheber die Möglichkeit, einen wirtschaftlichen Nutzen aus dem Werk zu ziehen. Diesen wirtschaftlichen Nutzen erhält er in der Regel durch die entgeltliche Einräumung von Nutzungsrechten gemäß §§ 31 ff. UrhG an einen Dritten in Form eines Vertrags mit dem Urheber. Die Nutzungsrechte sind das wichtigste rechtliche Instrument für die wirtschaftliche Verwertung von Urheberrechten.

Durch den Abschluss eines Verlagsvertrags zwischen Urheber und Verlag werden Letzterem nur die Nutzungsrechte an dem Werk eingeräumt, denn das Urheberrecht selbst und die Verwertungsrechte sind gemäß § 29 S. 2 UrhG nicht übertragbar. Eine Ausnahme hierzu bildet nur die Rechtsnachfolge kraft Todes des Urhebers (vgl. §§ 28 ff. UrhG). Erlischt die Grundlage, auf der die Rechtseinräumung basiert, wird also der Vertrag ungültig, so fallen die eingeräumten Nutzungsrechte wieder an den Urheber zurück. Der Verlagsvertrag kann schriftlich, mündlich oder durch schlüssiges Verhalten geschlossen werden, wobei sich die Schriftform zum Zwecke der Beweissicherung empfiehlt. (Anm.: Bei Fachartikeln für Zeitschriften ist die mündliche Vereinbarung weitaus üblich.)

Übertragung der Nutzungsrechte

Die Einräumung des Nutzungsrechts kann einfach oder ausschließlich erfolgen (§ 31 Abs. 1 Satz 2, Abs. 2, 3 UrhG). Das ausschließliche Nutzungsrecht berechtigt den Verlag, das Werk unter Ausschluss aller anderen Personen einschließlich des Urhebers auf die Art zu nutzen, die den Inhalt des Rechts bildet, und weitere Nutzungsrechte einzuräumen (§ 31 Abs. 3 UrhG); es kann aber bestimmt werden, dass die Nutzung durch den Urheber vorbehalten bleibt (§ 31 Abs. 3 UrhG). Das einfache Nutzungsrecht hingegen berechtigt den Inhaber, das Werk neben anderen Berechtigten auf die ihm erlaubte Art zu nutzen (§ 32 Abs. 2 UrhG). Die Nutzungsrechte können auch räumlich, zeitlich oder inhaltlich beschränkt eingeräumt werden (§ 31 Abs. 1 UrhG).

Bei Fachbüchern umfasst die Einräumung von Nutzungsrechten in der Regel das ausschließliche Recht zur Verbreitung und Vervielfältigung des Werkes in Buchform (Verlagsrecht i. S. d. § 8 VerlG) als Hauptrecht. Des Weiteren sollten für die Dauer des Hauptrechts zusätzlich auch ausschließliche Nebenrechte eingeräumt werden, um eine möglichst effiziente Nutzung des Werkes zu gewährleisten.

Haupt- und Nebenrechte

Im Allgemeinen sind alle betroffenen Nebenrechte (zum Beispiel Taschenbuch-Recht, Hörbuch-Recht, Recht zur Veröffentlichung im Internet, Vortragsrecht oder Bearbeitungsrecht für Film oder Bühnenstücke) im Verlagsvertrag aufgeführt. Neben den vielfältigen Publikationsformen ist dabei meist auch das Recht auf die Vergabe von Lizenzen zur Ausübung der eingeräumten Nebenrechte durch Dritte enthalten.

Mehrere Autoren Haben mehrere Autoren gemeinsam ein Werk verfasst, steht ihnen das Recht zur Verwertung des Werkes gemeinsam zu; einzelne von ihnen haben dann nicht das Recht, sich einer sinnvollen Verwertung zu widersetzen.

11.3 Rechte und Pflichten des Verfassers

Verbreitung und Vergütung Der Verlagsvertrag gibt dem Verfasser einen Anspruch auf eine dem Vertrag entsprechende Vervielfältigung und Verbreitung des Werkes durch den Verlag (§§ 1, 14 VerlG). Kommt der Verlag dem nicht in angemessener Weise nach, so kann der Verfasser gemäß §§ 32, 30 VerlG vom Vertrag zurücktreten.

Als Gegenleistung für die Rechtseinräumung erhält der Verfasser eine vereinbarte oder übliche Vergütung (§§ 31, 36 ff. UrhG). Die Höhe der Vergütung kann zum Beispiel am Seitenumfang, am Umsatz durch Verkauf des Werkes oder an einer Mischung daraus bemessen werden. Außerdem muss der Verlag dem Verfasser eine vereinbarte Anzahl bzw. gemäß § 25 VerlG eine gesetzliche Mindestanzahl von Freiexemplaren zur Verfügung stellen.

Änderungen am Werk Der Verfasser ist berechtigt, vor jeder Auflage selbst oder durch Dritte Änderungen am Werk vorzunehmen, sofern dadurch nicht ein berechtigtes Interesse des Verlags verletzt wird. Dieses Recht steht ihm auch bis zur Beendigung der Vervielfältigungsarbeiten zu. Allerdings muss er in diesem Fall die Kosten übermäßiger Korrekturen dem Verlag erstatten, sofern nicht inzwischen eingetretene wesentliche Umstände diese Änderungen rechtfertigen (§ 12 VerlG).

Es liegt alleine beim Urheber, zu bestimmen, ob und wie sein Werk veröffentlicht und mit seinem Namen verbunden wird. Außerdem ist er berechtigt, Entstellungen und andere Beeinträchtigungen zu verbieten, die geeignet sind, seine berechtigten geistigen oder persönlichen Interessen an dem Werk zu gefährden. So darf der Verlag als Inhaber eines Nutzungsrechts ein Werk, dessen Titel oder Urheberbezeichnung nicht ohne Erlaubnis verändern (§ 39 UrhG). Allerdings ist zu beachten, dass normalerweise bei der Auswahl des Titels die Meinung des Verlags ausschlaggebend sein sollte. Die praktische Erfahrung zeigt, dass Verlage aufgrund ihrer Marktkenntnis eher in der Lage sind, einen geeigneten Titel zu finden bzw. festzulegen.

Ein weiteres Recht des Verfassers ist es, einen Verwertungsvertrag mit der VG Wort abzuschließen und sein Werk dort anzumelden. Entsprechend diesem Verwertungsvertrag erhält der Autor nach einem festgelegten Schlüssel eine Vergütung für das Vermieten und Verleihen von Vervielfältigungsstücken. Die Einnahmen der VG Wort resultieren unter anderem aus Beträgen, die von öffentlichen Bibliotheken entrichtet werden müssen, aber auch aus vielen anderen Quellen, zum Beispiel Lesezirkeln oder Gaststätten oder Firmen, die Sendungen öffentlich wiedergeben. Mehr dazu finden Sie im Internet unter: http://www.vgwort.de

VG Wort

Zu den Pflichten des Autors zählen, dass dieser dem Verlag das ausschließliche Nutzungsrecht zur Verbreitung und Vervielfältigung einräumt, sofern nicht im Vertrag etwas anderes festgelegt ist (§ 8 VerlG), sowie die termingerechte Ablieferung des druckfertigen Manuskripts in einem für die Vervielfältigung geeigneten Zustand, der von den Vertragsparteien vereinbart wird (§§ 10 f. VerlG). Für die Dauer des Vertragsverhältnisses hat der Autor gemäß § 2 VerlG die Vervielfältigung und Verbreitung des gleichen, eines ähnlichen oder eines konkurrierenden Werkes zu unterlassen.

Pflichten des Autors

Der Verfasser des Werkes muss außerdem dafür Sorge tragen, dass das Werk weder gegen Rechte Dritter noch gegen das Gesetz verstößt. Gegebenenfalls hat er eine entsprechende Genehmigung von dem Berechtigten einzuholen, um „fremde" urheberrechtlich geschützte Inhalte (Textpassagen oder Bilder) zu verwenden.

11.4 Rechte und Pflichten des Verlags

Pflichten des Verlags ergeben sich unter anderem aus den Rechten des Autors. Das eingeräumte Verlagsrecht verpflichtet den Verlag, das Werk in zweckentsprechender und üblicher Weise zu vervielfältigen und zu verbreiten (§§ 1, 14 VerlG) sowie dafür zu werben.

Die Übertragung des Verlagsrechts ist nach der gesetzlichen Regelung im Zweifel nur mit der Zustimmung des Verfassers zulässig, der diese aber nur bei Vorliegen eines wichtigen Grundes verweigern kann (§§ 34 Abs. 1 UrhG, 28 VerlG).

Korrektur des Werkes Der Verlag ist grundsätzlich für die Korrektur des Werkes, d. h. das inhaltliche Übereinstimmen mit dem vom Autor gelieferten Manuskript, zuständig. Einen Abzug hat er dem Verfasser zu übersenden (§ 20 Abs. 1 VerlG), den dieser unentgeltlich korrigiert und zum Beispiel durch Anbringung des Vermerks „druckfertig" für druckreif erklärt. Der Abzug gilt auch als „druckfertig", wenn der Verfasser sich nicht innerhalb einer angemessenen Frist zu ihm erklärt hat (§ 20 Abs. 2 VerlG).

Rücktritt vom Vertrag Liefert der Verfasser das Manuskript nicht rechtzeitig ab, so kann der Verlag nach dem fruchtlosen Verstreichen einer angemessenen Nachfrist von dem Vertrag zurücktreten oder Schadensersatz wegen Nichterfüllung verlangen (§ 30 VerlG). Er kann ein Manuskript auch ablehnen, wenn es den vereinbarten Umfang ohne vorherige Zustimmung des Verlags wesentlich überschreitet.

Weitere Pflichten Der Ladenpreis wird vom Verlag nach pflichtgemäßem Ermessen bestimmt (§ 21 VerlG). Der Verlag ist des Weiteren zur rechtzeitigen Zahlung der vereinbarten Vergütung an den Verfasser verpflichtet (§ 22 VerlG).

Außerdem ist der Verlag verpflichtet, Künstlersozialabgabe in Höhe eines festgelegten Prozentsatzes der Vergütung für Verfasser, freischaffende Grafik-Designer, Redakteure usw. an die Künstlersozialkasse zu entrichten.

11.5 Der Herausgeber

Herausgeber eines Werkes kann sein, wer ein Werk nach bestimmten thematischen und systematischen Kriterien zusammenstellt, aber auch eine Person, die dem Werk „nur" seinen Namen verleiht.

Ein Herausgebervertrag verpflichtet eine Person oder Personenmehrheit, für ein aus mehreren thematisch zusammengehörenden Beiträgen bestehendes Werk („Sammelwerk") die einzelnen Verfasser zu engagieren, die Beiträge thematisch und inhaltlich aufeinander abzustimmen, das Werk zu edieren und zu redigieren mit dem Ziel, das Sammelwerk als ein einheitliches Werk zu gestalten.

Sammelwerke

Erbringt der Herausgeber an dem Sammelwerk durch Auslese und Anordnung der einzelnen Beiträge eine persönliche geistige Schöpfung, so genießt das Sammelwerk einen vom Urheberrecht der einzelnen Beiträge selbständigen urheberrechtlichen Schutz (§ 4 Abs. 1 UrhG).

Das Vertragsverhältnis zwischen Herausgeber und Verlag kann auf einem „echten" Verlagsvertrag (§§ 1 ff. VerlG), einem Geschäftsbesorgungs- (i. S. d. § 675 BGB), Werk- (i. S. d. §§ 631 ff. BGB) oder Dienstvertrag (i. S. d. §§ 611 ff. BGB) beruhen. Durch diese verschiedenen Vertragstypen kann zwischen Herausgeber und Verlag genau geregelt werden, wer „Herr des Unternehmens" ist – d. h. wer das „Unternehmen Veröffentlichung" gründet und plant, den Titel wählt, die Mitarbeiter gewinnt, die Verträge mit ihnen schließt, sie betreut und koordiniert sowie das wirtschaftliche Risiko trägt. Das gibt auch die Möglichkeit, dass für unterschiedliche Ausgaben oder Auflagen jeweils „der Geeignetste" die Rolle des Herausgebers übernimmt.

Vertragsarten

11.6 Mitarbeiter, Bearbeiter, Übersetzer und Schriftleiter

Für diese Gruppe von Verfassern kommt als Rechtsverhältnis zwischen den Parteien in erster Linie ein Werkvertrag in Betracht.

Der Verlag plant die Überarbeitung bzw. Übersetzung des Originalwerkes, holt sich hierfür die Einwilligung des Urhebers des Originalwerkes ein und überträgt die Übersetzung bzw. Bearbeitung einer geeigneten Person. Da die Bearbeitung bzw. Übersetzung urheberrechtlichen Schutz genießen kann (§ 3 UrhG), muss der Verlag sich die Nutzungsrechte an der Bearbeitung bzw. Übersetzung in der Regel gegen Zahlung einer Vergütung einräumen lassen.

Auch bei Sammelwerken, an denen etliche Verfasser beteiligt sind, wird in der Regel das Vertragsverhältnis zwischen Verlag und Mitarbeiter durch Werkverträge geregelt. Im Normalfall gibt hier der Herausgeber den Verfassern Form und Inhalt ihrer Beiträge vor.

Wichtig: Jeder ist im Prinzip berechtigt, jedes veröffentlichte Werk zu übersetzen und zu bearbeiten – aber nur für seinen ganz persönlichen Gebrauch. Will er die Übersetzung oder Bearbeitung verbreiten oder gar verkaufen, braucht er dazu die Genehmigung des Inhabers der Nutzungsrechte. Diese Genehmigung kann etwa im Rahmen eines Lizenzvertrags erteilt werden.

154

12 Arbeitstechniken

Welche Art von Text auch immer man schreibt, zwei Dinge sind dafür von elementarer Bedeutung: Kreativität und Zeitplanung. Um Ihnen den Einstieg in die für Sie passenden Methoden zu erleichtern, finden Sie in diesem Kapitel eine Kurzfassung bewährter Arbeitstechniken. Der Schwerpunkt liegt auf solchen Arbeitstechniken, die sich auch von einzelnen Personen anwenden lassen. Doch denken Sie daran, wenn Sie Ideen sammeln, Texte strukturieren oder Ziele vereinbaren, auch Kollegen, Experten oder Bekannte zu befragen. Denn je umfassender Sie sich informieren, desto besser können Sie sich einarbeiten und umso leichter wird Ihnen der eigentliche Prozess des Schreibens fallen.

Auch Autorenteams möchten wir die erprobten Arbeitstechniken empfehlen: Probieren Sie aus, ob Sie Ihre Arbeit optimieren können, wenn Sie an den entsprechenden Stellen Brainstorming betreiben oder das Utopiespiel oder die 6-Hüte-Methode einsetzen.

Bevor wir uns konkret den einzelnen Techniken zuwenden, sollten wir uns erst einmal der Frage zuwenden: *Was ist eigentlich Kreativität?* Denn wer weiß, wie Kreativität funktioniert, kann Kreativitätstechniken erfolgreicher anwenden.

12.1 Kreativität als Prozess

Oft scheint es uns, dass man Kreativität als eine Fähigkeit zu verstehen hat, völlig Neues scheinbar aus dem Nichts heraus zu produzieren. In Wirklichkeit hat Kreativität aber mit Erfahrung zu tun und ist zu einem guten Teil auch erlernbar. Definieren könnte man sie etwa folgendermaßen:

Kreativität bedeutet einen ökonomischen, kunstfertigen Prozess der Schaffung geeigneter Lösungsvorschläge unter Nutzung unterschiedlichster Verfahren, gekoppelt mit einem leistungsfähigen Bewertungsprozess, der im richtigen Moment sagt, dass man „zupacken" muss.

Wenn wir nach der Lösung eines Problems suchen, durchlaufen wir häufig einen Prozess, der sich in vier Phasen aufteilen lässt: Vorbereitung, Überlegung, Einsicht/Erleuchtung und Verwirklichung.

Phase 1: Vorbereitung

Diese Phase reicht von der Entdeckung des Problems bis zum Ansammeln von Fakten.

Phase 2: Überlegung

In dieser Phase durchdenken wir das Problem bewusst und absichtlich, gleichzeitig gibt es aber im Gehirn unbewusste Vorgänge, die die Lösung beeinflussen. Dabei werden Informationen aus ihrem ursprünglichen Zusammenhang gelöst und neue Zusammensetzungen vorgenommen. Man kann diese Phase auch dadurch unterstützen, dass man bewusst versucht, Abstand von der Problemstellung zu gewinnen.

Phase 3: Einsicht/ Erleuchtung

Der Weg zur Lösung nimmt jetzt im Bewusstsein Gestalt an. Wir nennen ihn z. B. Gedankenblitz, Einfall, Idee, Eingebung oder Intuition. Wir können diesen Prozess selbst kaum beeinflussen, wodurch sich auch erklärt, dass die „Ideen" oft in einem Moment kommen, in dem wir uns nicht bewusst mit dem Problem befassen.

Phase 4: Verwirklichung

Nun wird die Idee auf ihre Brauchbarkeit hin präzisiert und bewertet. Dabei ist es oft nicht einfach, das, was man selbst erkannt hat, so aufzubereiten, dass auch andere es verstehen.

Wenn man den Denkprozess auf diese Art und Weise betrachtet, wird deutlich, dass insbesondere bei den Punkten

• Problemerkennung (Aufgeschlossenheit für das Erkennen von Schwierigkeiten und Erweitern des Wahrnehmungsumfelds) und

• Entwicklung mehrerer Lösungsansätze

Kreativitätstechniken von Nutzen sein können. Dadurch, dass bei ihnen die Einsichtsphase (als echte schöpferische Phase) von der Verwirklichungsphase (also der kritischen Überprüfung und Ausscheidung) abgetrennt ist, wird ein vorzeitiges, oft zu frühes Bewerten von Lösungsansätzen verhindert.

12.2 Brainstorming

Brainstorming lässt sich charakterisieren als das *„hemmungslose Produzieren von Ideen zu einem klar umrissenen Ziel"*. Ist das Ziel nicht klar, wird auch das Brainstorming selbst wenig erfolgreich sein. Das „echte" Brainstorming ist eine Arbeitstechnik für eine Gruppe, aber modifiziert kann es auch sehr nutzvoll sein, wenn man es allein praktiziert.

12.2.1 Brainstorming in der Gruppe

Hier finden sich mehrere Personen zu einem bestimmten Thema zusammen, das aber nicht zu weit gefasst sein sollte, weil sonst ein „Fokussieren" der Ideen nicht mehr möglich ist. Wichtig dabei ist auch, dass in der Gruppe ein kooperatives Klima herrscht. Nur so lassen sich Hemmungen vermeiden, eventuell nicht gleich überzeugende Gedanken zu äußern.

Folgende Grundregeln gelten für Brainstorming-Sitzungen:

Regel 1: *Möglichst viele Ideen produzieren!*

Regel 2: *Jegliche Kritik ist zurückzustellen!*

Regel 3: *Der Phantasie keine Grenzen setzen!*

Regel 4: *Ideen anderer aufgreifen!*

Brainstorming wird normalerweise in drei Abschnitten durchgeführt: Vorbereitung, Durchführung und Auswertung.

Eine Brainstorming-Sitzung sollte man nicht spontan einberufen, sondern entsprechend vorbereiten. Das Ziel sollte klar umrissen, der teilnehmende Personenkreis sorgfältig ausgewählt und das Thema rechtzeitig vorher bekanntgegeben sein. So können die Teilnehmer sich (auch im Unterbewusstsein) schon gedanklich darauf einstimmen. Ein Brainstorming sollte mindestens drei und nicht mehr als zwölf Teilnehmer haben. Befruchtend wirkt oft auch die Teilnahme von Personen aus unterschiedlichen Arbeitsgebieten. *Vorbereitung*

Für das Festhalten der Ideen hat sich wahrscheinlich die Kärtchentechnik am besten bewährt. Dabei schreiben die *Durchführung*

Teilnehmer ihre Ideen individuell auf eigene Kärtchen, die dann vom Moderator auf einer Planungstafel thematisch gruppiert werden. In einer anschließenden, dem besseren Verständnis dienenden Durchsprache können die Ideen besser formuliert werden, unter Umständen entstehen bei dieser Durchsprache auch noch neue Ideen.

Auswertung
Die Auswertung selbst braucht nicht gleich anschließend an die Brainstorming-Sitzung vorgenommen werden. Alle Ideen werden noch einmal genauer zu Themenkomplexen zusammengefasst, am Thema vorbeigehende Ideen werden ausgesondert. Das vorliegende Ergebnis ist für alle Teilnehmer zu dokumentieren.

12.2.2 Brainstorming für eine Person

In diesem Abschnitt beschreiben wir eine Drei-Schritt-Methode, wie sie ähnlich von Vera F. Birkenbihl veröffentlicht wurde. Wichtig dabei ist: *Sie dürfen nichts zensieren!*

Nur wenn Sie nichts von dem zurückhalten, was Ihnen einfällt, kann sich Ihre Kreativität voll entfalten.

Ideen sammeln
Schritt 1: Sie notieren jeden Ihrer Einfälle auf ein einzelnes Kärtchen – so lange, bis Ihnen nichts mehr einfällt. Es kann sein, dass es nur ein paar Einfälle sind oder auch mehrere Dutzend, das spielt keine Rolle.

Reihenfolge verändern
Schritt 2: Jetzt geht es darum, dass Sie Aspekte miteinander verbinden, die normalerweise nicht verbunden worden wären, wenn Sie nicht weitergedacht hätten. Deshalb mischen Sie alle Kärtchen kräftig durcheinander.

Neu assoziieren
Schritt 3: Nehmen Sie nun je zwei der Kärtchen, blicken auf die beiden und notieren auf einem großen Blatt Papier so spontan wie möglich, was Ihnen zu der Verbindung jeder der Stichwortkombinationen einfällt.

Das funktioniert nicht nur, wenn Sie nach neuen Ideen fahnden, sondern auch z. B. für die Zieldefinition, bei der Suche nach guten Überschriften, nach neuen Bezeichnungen, nach Schlagwörtern, Zielgruppen usw. Und Sie werden sehen: Es macht Spass!

12.3 Utopiespiel

Das Utopiespiel bietet die Möglichkeit, einem Brainstorming, welches in eine Sackgasse geraten ist, wieder genügend kreativen Freiraum zu geben. Außerdem kann es eine hervorragende Quelle neuer, zukunftsweisender Ideen für Autorenteams darstellen. Und, nicht zu vergessen: Sie können die Attraktivität Ihrer Publikation steigern, wenn sie nicht nur den Status quo beschreibt, sondern auch wegweisend für die Zukunft ist. Je nach Art der Publikation kann der Zeithorizont Wochen, Monate oder Jahre in der Zukunft liegen.

Verlassen Sie also bewusst die bestehende Realitätsbasis, um mit Hilfe eines unbeschwerten Gedankenspiels in der Zukunft auf neue und noch nie angedachte Ideen zu stoßen, die dem normalen Realitätsbewusstsein verschlossen sind, z. B.: | Neue Realitäten durch Utopien

- Wie kommunizieren die Menschen im Jahr 2020?
- Was wäre, wenn es keine Autos mehr gäbe?
- Wie kämen wir ohne Büros zurecht?
- Wie sieht unser Beruf in 20 Jahren aus?

Lassen Sie sich 20 bis 30 Minuten Zeit, um Ihre Utopie zu ersinnen. Sind an dem Utopiespiel mehr als vier Personen beteiligt, sollten Sie kleinere Gruppen bilden, die anschließend an die kreative Phase ihre Ergebnisse in der großen Runde präsentieren. Nach der Präsentation werden die einzelnen Modelle von den Teilnehmern bewertet. Dabei ergeben sich meist sehr viele unkonventionelle Denkanregungen, die zu einem horizonterweiternden Problemlösungsprozess führen können.

Wenn es die Zahl der Teilnehmer möglich macht, sollte jede Gruppe einen Moderator haben. Und noch ein Tipp: Dokumentieren Sie Ihre Ergebnisse, falls Sie sie nicht gleich nutzen können, z. B. in einem „Kreativitätsordner".

12.4 Inhalte strukturieren

Ein längeres Dokument, z. B. einen Fachartikel, ein ausführliches Angebot, ein längeres Protokoll, eine Dokumentation, ein Buch oder andere ausführliche Texte sollten Sie immer erst ausformulieren, nachdem Sie einen Gliederungsentwurf angefertigt haben, der Ihnen alle wesentlichen Stichpunkte liefert – es sei denn, das Schreiben derartiger Texte ist für Sie ein alltäglicher Akt.

Ein Text kann sehr vielschichtig sein – in Fachbüchern sind z. B. fünf Gliederungsebenen keine Seltenheit – und sollte daher von vorneherein optimal strukturiert sein, d. h. so, dass er logisch aufgebaut ist und mit möglichst wenigen Ebenen auskommt. Hierbei sollten Sie sich immer daran orientieren, dass der Leser, auch wenn er Fachmann ist, Texte einfacher erfasst, wenn die inhaltliche Struktur für ihn an jeder Stelle nachvollziehbar ist.

Zudem kann es auch von immenser Bedeutung sein, an welcher Stelle welche Information präsentiert wird. Wollen Sie z. B. jemanden vom Nutzen eines Produkts überzeugen, dann erklären Sie ihm logischerweise zuerst die Vorteile und sagen ihm dann, was es kostet – sonst interessiert er sich unter Umständen gar nicht mehr für die Vorteile.

Denken Sie also beim Strukturieren immer auch an den Zweck jeder einzelnen Information und an das Ziel, das Sie mit Ihrem Text verfolgen!

Wenn Sie dann das Manuskript verfassen, müssen Sie das nicht unbedingt in der Reihenfolge der Inhaltsstruktur tun. Sie können auch Kapitel, bei deren Inhalten Sie gerade besonders fit sind, vorab verfassen oder zwischenschieben, wenn Sie bei einem anderen Teil gerade ins Stocken kommen.

Aber Vorsicht: *Schieben Sie nicht alle schwierigen Teile auf den Schluss auf, denn dann haben Sie nur geringe Chancen, Termine richtig zu planen.*

Die nächsten beiden Abschnitte bieten Ihnen zwei Methoden zum Strukturieren von Inhalten, die „Ideenkarten" und die Clustermethode.

12.4.1 Ideenkarten

Sammeln, sortieren

Schreiben Sie alle relevanten Inhalte, jedes Thema, jedes Stichwort, jede Idee, jeden Sachverhalt auf eine Karteikarte oder ein kleines Blatt Papier. Wenn Sie damit fertig sind, strukturieren Sie die Ideenkarten: Bilden Sie Gruppen zusammengehörender Karten, stellen Sie Untergruppen her, unter Umständen sogar Untergliederungen dieser Untergruppen, und sortieren Sie schließlich alles in die richtige Reihenfolge.

Dabei stellt sich häufig heraus, dass einzelne Stichworte in andere Gruppen besser passen als in die, in welche Sie sie ursprünglich einsortiert haben. Sortieren Sie also dementsprechend um oder machen Sie zwei Karten für das Stichwort und merken Sie sich gleich vor, an welcher der möglichen Stellen im Text Sie später ausführlicher auf das Stichwort eingehen wollen und an welcher Stelle weniger ausführlich. Wenn Sie einzelne Gruppen inhaltlich zusammenfassen können, schreiben Sie Kärtchen mit Überschriften und setzen Sie sie an die dementsprechende Stelle.

Umsortieren, ergänzen

Wenn Ihnen schließlich keine Änderungen oder Ergänzungen mehr einfallen, dann ist die Aufgabe gelöst: Sie haben den fertigen Gliederungsentwurf.

Wenn Sie lange Texte verfassen, bietet es sich auch an, diese Methode in mehreren Stufen einzusetzen. So können Sie, ausgehend von der Grobstruktur, den Text immer feiner gliedern, bis hin zu den Inhalten einzelner Absätze. Wenn Sie soweit sind, dann haben sie ein vollständiges Exposee, eine Art „Drehbuch" für Ihr Manuskript.

Exposee, Drehbuch

Einfache Strukturen können Sie natürlich auch am PC erfassen und umsortieren, aber wenn es über eine bestimmte Zahl von Stichpunkten hinausgeht, wird es am Bildschirm schnell unübersichtlich. Der fertige Gliederungsentwurf lässt sich wiederum am PC hervorragend bearbeiten.

12.4.2 Clustermethode

Eine verwandte Methode zu den „Ideenkarten" besteht darin, die Stichwörter nach freier Eingebung auf einem möglichst großen Blatt zu notieren (A4 ist meist zu klein).

Sie schreiben die Stichpunkte in lockerer Anordnung auf das Blatt. Bestimmte Begriffe haben eine übergeordnete

Sammeln, clustern

Bedeutung, ihnen lassen sich andere Begriffe zuordnen. Zusammengehörendes schreiben Sie näher zusammen als Nicht-Zusammengehörendes und beginnen schließlich damit, Zusammengehörigkeiten durch Umfahren mit Umrisslinien zu betonen. So entstehen Flächen von Stichwortclustern.

Struktur
verfeinern

In der nächsten Stufe können Sie das Ergebnis der ersten Stufe weiter ausbauen und die sich ergebende Struktur verbessern und verfeinern. Sie können Verbindungslinien zwischen Dingen ziehen, die eng zusammengehören, und die Enden mit Pfeilspitzen versehen, um Abfolgen herzustellen.

Clustermethode
fördert Prozess-
denken

Vor allem Menschen mit stark visuellem Gedächtnis kommen mit dieser Methode wahrscheinlich leichter zurecht als mit den Ideenkarten. Sie gibt mehr Raum für Kreativität, fördert das Denken in Prozessen und ist damit natürlich auch geeignet, Arbeitsabläufe zu strukturieren.

12.5 Die 6-Hüte-Methode

Wir wollen an dieser Stelle einen Ausflug machen – weg von den Arbeitstechniken, die zum Sammeln und Strukturieren benötigt werden, hin zu einer Methode, die Ihnen Gelegenheit gibt, mit Kollegen effizient und fair zu diskutieren. Mit dieser Methode können Sie (auch allein) Hintergründe erschließen und positive und negative Aspekte von Ideen, Inhalten und Strategien deutlich herausarbeiten – was natürlich auch für Konzepte und Inhalte von Veröffentlichungen gilt.

Die 6-Hüte-Methode hilft, den Stoff von Diskussionen weitgehend von den individuellen Charaktereigenschaften und Verhaltensweisen der beteiligten Personen zu lösen: Traditionelles Rollenverhalten, Drang zur Verteidigung der bezogenen Position, mangelndes Vermögen, andere Standpunkte anzuhören und zu akzeptieren sowie das Unterdrücken von Gefühlen spielen bei der 6-Hüte-Methode nur noch eine untergeordnete Rolle. Und wenn Sie die Methode allein anwenden, werden Sie im Normalfall zu einem neutraleren Ergebnis kommen, als wenn Sie Ihr Thema unstrukturiert angehen.

Die Idee, die hinter der von Edward de Bono entwickelten 6-Hüte-Methode (siehe Literaturverzeichnis) steckt, ist einfach: Nicht mehr unstrukturiert drauflos diskutieren, sondern der Reihe nach verschiedene Aspekte des Themas gemeinsam besprechen. Damit man sich's leichter merken kann, werden diesen Aspekten farbige Hüte zugeordnet.

Die 6 Denkhüte

Unter dem weißen Hut sind ausschließlich Informationen, Daten und Fakten gefragt – keine Interpretationen, Meinungen, Vermutungen oder Vorschläge.

Weiß: neutral, objektiv

Themen: Welche Informationen haben wir? Welche Daten spielen eine Rolle? Wie sicher sind sie? Wie können wir sie erhärten? Welche weiteren Informationen brauchen wir? Wie können wir sie beschaffen? Nennen Sie ruhig auch umstrittene Informationen, aber geben Sie die Quelle an!

Mit dem roten Hut geht es um Gefühle, Intuition, Ahnungen und Ängste, um Eindrücke also, die man nicht rational erklären kann. Keine Begründungen oder Rechtfertigungen!

Rot: Feuer, Emotionen

Ist Ihnen mulmig oder sind Sie begeistert? Vertrauen sie den vorgebrachten Argumenten? Sagen Sie in wenigen Worten, was Sie fühlen, wenn es zum Thema gehört! Zum Beispiel: „Trotz allem habe ich ein gutes Gefühl bei der Sache."

Themen des schwarzen Huts sind: Risiken, Gefahren, Bedenken oder Einwände. Was kann schiefgehen? Gefragt sind kritische Urteile. Negative Gefühle dagegen gehören zum roten Hut.

Schwarz: Vorsicht, Kritik

Wo sehen Sie Risiken? Was ist falsch oder unsinnig? Wo gibt es Widersprüche? Warum kann es nicht funktionieren? Gibt es rechtliche Einwände? Spricht die Erfahrung dagegen? Finden Sie nüchtern und sachlich die negativen Seiten heraus!

Der gelbe Hut bedeutet: Positives Denken ist angesagt.

Gelb: Sonne, Optimismus

Welche Vorteile hat die diskutierte Idee? Welche Chancen bietet sie? Wie lässt sie sich am besten realisieren? Gibt es Synergien? Wo liegen Vorteile, an die noch keiner gedacht hat? Wie können wir die positiven Argumente in die Tat umsetzen, wie Risiken mindern?

Grün: Natur, Wachstum

Der grüne Hut verlangt Kreativität: Neue Ideen, zusätzliche Alternativen. Es geht darum, das Thema weiterzuentwickeln und neue Chancen zu eröffnen.

Wie können wir die Idee weiterentwickeln? Könnten wir das Ziel auch anders erreichen? Wie? Was könnten wir anders machen, was besser?

Blau: Himmel, Überblick

Und unter dem blauen Hut geht es nicht um die Sache selbst, sondern den Umgang mit ihr, um Vorschläge zum Vorgehen und die Zusammenfassung der Ergebnisse.

Was genau wollen wir erreichen? Gehen wir in der Diskussion zielführend vor? Halten wir uns an die Regeln? Haben wir alle Aspekte beleuchtet? Welcher Hut sollte noch einmal aufgesetzt werden? Fassen Sie zusammen und klären Sie gemeinsam, wie es weitergehen soll.

Warum die Methode wirkt

Alle tragen zur gleichen Zeit den gleichen Hut. Unter dem schwarzen Hut zum Beispiel ist jeder aufgefordert, über Gefahren und Bedenken zu sprechen. Oder unter dem gelben Hut suchen alle nach Vorteilen – auch die permanenten Kritiker. Jeder Einzelne nimmt so gleichzeitig mit den Anderen verschiedene Rollen an. Wer nichts beitragen kann oder will, bleibt still.

Die 6 Hüte bündeln die Kräfte der Gruppe, sie machen es möglich, das beste Ergebnis zu finden, da zur gleichen Zeit alle Teilnehmer in die gleiche Richtung denken. Schritt für Schritt lassen sich die wichtigen Gesichtspunkte abarbeiten, und es ergibt sich ein klareres und vollständigeres Bild, als wenn jeder nur über einen Teil der Sache nachgedacht hätte. Auch die Emotionen haben dabei ihren Platz.

Wie man's macht

Wollen Sie die Hüte systematisch einsetzen (was Sie fast immer tun sollten, wenn Sie die Methode allein nutzen, denn nur dann sind Sie sicher, keinen wesentlichen Aspekt zu vergessen), dann legen Sie bzw. der Diskussionsleiter eine Abfolge von Hüten fest und diskutieren jeweils für mehrere Minuten einen Aspekt. Folgende Regeln haben sich dabei als sinnvoll erwiesen:

- Am Anfang und Ende ist der blaue Hut sinnvoll. Man kann aber auch mit dem weißen, roten oder gelben Hut beginnen.

- Nach dem schwarzen Hut sollte der grüne folgen, damit Sie Ideen finden, wie die unter dem schwarzen Hut genannten Probleme zu überwinden sind.

- Je nach der Zielsetzung der Diskussion können statt dem blauen auch der grüne, rote oder der schwarze Hut einen guten Abschluss bilden.

Sie können die Hüte aber auch einzeln verwenden, z. B. wenn Sie in einer laufenden Besprechung die bestehenden Denkmuster aufbrechen oder neue Denkweisen anstoßen wollen: „Setzen wir uns doch mal alle für ein paar Minuten den grünen Hut auf!" oder „Unter dem schwarzen Hut sehe ich das so: ..."

Wenn Sie sich näher mit den 6 Denkhüten befassen wollen, können Sie sich in einem der Bücher de Bonos weiter informieren.

12.6 Die persönliche Zeitplanung

Was helfen hervorragendes Fachwissen, höchste Motivation oder exakte Zieldefinition, wenn „die Zeit nicht ausreicht" oder, besser formuliert, „die zu bearbeitenden Aufgaben in der zur Verfügung stehenden Zeit nicht erledigt werden können."

12.6.1 Packen Sie's an!

Liest man etwas über Zeitplanung, so sieht alles oft so einfach und selbstverständlich aus, dass es fast überflüssig erscheint, sich damit zu befassen. Wichtig ist der Entschluss, es zu tun! Als erster Schritt eignet sich wegen der guten Überschaubarkeit am ehesten der Tagesplan. Perfektionismus ist dabei nicht angebracht, aber Konsequenz. Denn hier gilt eindeutig „aus den Augen, aus dem Sinn". *Der erste Schritt*

Wenn die Planung nicht so funktioniert, wie es sein sollte, überlegen Sie Alternativen: *Was tun bei Problemen?*

- Fragen Sie sich: Muss ich es tun? Muss ich es jetzt tun? Muss ich es so tun?

- Überprüfen Sie die Prioritäten,

- delegieren Sie oder lassen Sie sich zuarbeiten,
- teilen Sie Aufgaben in Teilaufgaben und prüfen Sie, ob nicht vorerst Teilergebnisse ausreichen,
- verschieben Sie „Kann-Aufgaben" und
- rationalisieren Sie die Abwicklung, denken Sie in Prozessen.

Unter Umständen hilft auch flexiblere Arbeitszeit: Nutzen Sie ruhige Stunden im Büro oder arbeiten Sie bei Bedarf mal ein paar Tage abends länger, um nach Erledigung der dringenden Aufgaben wieder mehr Freizeit genießen zu können. Denn das beste Zeitmanagement versagt, wenn Sie vergessen, auch das zu tun, was

- Ihnen Spaß macht,
- Sie (beruflich oder privat) Ihren persönlichen Zielen näherbringt und
- Ihnen einen Ausgleich zur Arbeit verschafft.

Auf das Wichtige konzentrieren Vergessen Sie nicht, dass es oft die Summe vieler „Kleinigkeiten" ist, die Sie unter Termindruck setzen kann: Zu lange Telefonate mit freundlichen (oder unfreundlichen) Menschen, ineffiziente Besprechungen oder solche, bei denen Sie unter Umständen gar nicht gebraucht werden, oder vielleicht der Smalltalk über Ballack und Klose. Aber denken Sie auch daran, dass, wer sich selbst zu stark unter Druck setzt, meist nicht in der Lage ist, seine Fähigkeiten voll zu nutzen. Und beachten Sie, dass ein geraumer Teil der täglichen Arbeitszeit für unerwartete Aktionen reserviert werden muss.

Überschätzen Sie also keinesfalls Ihre Kapazität!

Zeitplanung ist individuell Zeitplanung ist eine individuelle Angelegenheit. Dieses Kapitel soll Ihnen Ideen und Anregungen geben, wie Sie eine konsequente Zeit- und Aufgabenplanung anpacken können, auf die persönlichen Bedürfnisse anpassen und umsetzen müssen Sie sie selbst. Es gibt eine Unmenge Literatur über Zeitplanung, die Ihnen insbesondere behilflich sein kann, wenn Sie größere Projekte planen.

Aktive Zeitplanung heißt, nicht zu fragen „Was geschieht im Planungszeitraum?", sondern den Ablauf selbst zu gestalten.

12.6.2 Tagesplanung

Es sind nur wenige Minuten, die zu einem geregelten Ta-
gesablauf verhelfen können. Bevor Sie nach Hause gehen,
sollten Sie (z. B. durch Abhaken im Tagesplan) festhalten,
was Sie an diesem Tag erledigt haben und was liegenge-
blieben ist. Sie sollten sich dabei auch klarmachen, warum Sie nicht alles erledigen konnten (zu viele Tätigkeiten, zu großer Zeitaufwand, unerwartete Störungen?). *Resümieren*

Nun planen Sie den nächsten Tag (z. B. im Terminkalen-
der oder Zeitplaner), überlegen, an welchen Tagen Sie
evtl. unerledigte Aufgaben von heute erledigen können
und halten auch diese schriftlich fest. Dabei sind zu berücksichtigen: neue Aufgaben, periodische oder Routine-
aufgaben, Zeitbedarf. Sind die „Zeitreserven" erschöpft,
ist die Zeitschätzung noch einmal zu prüfen, zu überlegen, wer außer Ihnen Aufgaben oder Teilaufgaben übernehmen kann, ob alle Vorbereitungen für den nächsten
Tag getroffen bzw. alle Unterlagen vorhanden sind und
ob Termine verschoben werden müssen. Ist dann der
Zeitbedarf immer noch zu hoch, sind die Prioritäten zu
ändern oder die Kapazität zu erhöhen. *Planung fortschreiben*

Wenn Sie noch „mit Papier" arbeiten, dann nutzen Sie für
die Terminplanung am besten den Kalender eines Zeit-
plansystems. Termine und Aufgaben des aktuellen Monats tragen Sie in die Tagesübersicht ein. Dieser Teil des
Zeitplaners hat meist eine Seite für jeden Tag oder zwei
Seiten für eine Woche. *Kalender benutzen*

Was in weiterer Ferne liegt, kommt in das Übersichtska-
lendarium (meist ein Kalender mit einer Seite je Monat)
und wird zu Beginn des jeweiligen Monats in die Tagesübersicht übernommen. Gemeinsame (Abteilungs-)Ter-
mine können auch im PC-Netz oder auf einem Infoboard
angekündigt werden, aber nehmen Sie sie auf jeden Fall
auch in Ihre persönliche Zeitplanung auf.

Wenn Sie Termine mit einer Software (MS Outlook, Lotus
Notes ...) planen, dann können Sie jede Aufgabe auf eine
Uhrzeit terminieren. Das funktioniert nur gut, wenn zu
dieser Uhrzeit eine elektronische Erinnerung stattfindet.
Geht dann zum Beispiel ein Fenster auf oder ertönt ein
Signal, dann können Sie die Aufgabe entweder erledigen
oder auf einen besseren Zeitpunkt verschieben. *Elektronischer Kalender*

12.6.3 Langzeitplanung

Prioritäten setzen

Wenn Sie an langfristigen Projekten arbeiten, machen Sie sich einen Langzeitplan. Je nach Art Ihrer Aufgabenstruktur sollten Sie den Langzeitplan (im Allgemeinen ist dies ein Jahresplan) weiter untergliedern in Quartals-, Monats-, Wochen- und Tagespläne. Seien Sie dabei ehrlich, versuchen Sie alle Aufgaben zu erfassen und setzen Sie Prioritäten, welche Vorhaben (z. B. auf Grund von Aufträgen) unabdingbar sind, welche von besonderer strategischer Bedeutung und welche persönliche „Wunschvorhaben". Übrigens sind wichtige Aufgaben oft nicht unbedingt dringend (z. B. ein neues Marketingkonzept), dringende (z. B. das Lesen von Umläufen) hingegen häufig nicht sehr wichtig. Was für Sie nicht so wichtig oder dringend erscheint, kann es aber für Ihre Kollegen sehr wohl sein. Stimmen Sie sich also mit Ihren Partnern ab!

Rückwärts rechnen

Rechnen Sie „rückwärts": *„Wenn ich mit dem Projekt oder einer Teilaufgabe zum vorgegebenen Zeitpunkt fertig sein muss, wann muss ich spätestens damit beginnen?"*

Fest verplante Zeiträume

Feststehende oder absehbare zeitliche Inanspruchnahmen (Sitzungen, Routinearbeiten, Weiterbildung usw.) sind möglichst früh zu berücksichtigen und – auf die entsprechenden Zeiträume verteilt – in die Zeitplanung zu übernehmen. Und wenn Sie in einem Team arbeiten, dann sollten Sie diese Zeiträume gemeinsam für alle abschätzen!

Analyse

Vergleichen Sie regelmäßig den tatsächlichen Ablauf des Planungszeitraums mit Ihrer ursprünglichen Zeitplanung! So kommen Sie zu realistischeren Zeitschätzungen für die Zukunft und können weitere bestehende Planungen modifizieren.

Elektronischer Kalender

Insbesondere wenn Sie ein elektronisches Zeitplansystem nutzen, in dem Termine „mit einem Mausklick" zu verschieben sind, verschwimmen die Grenzen zwischen Tages- und Langzeitplanung. Die wichtigste Fähigkeit, nämlich das Setzen von Aufgaben und Terminen an die optimale Stelle, benötigt strategisches Denken und Übung, Übung, Übung.

Literaturverzeichnis

Alteneder, Andreas: Der erfolgreiche Fachvortrag. Erlangen: Publicis MCD, 1996.

Birkenbihl, Vera F.: Stroh im Kopf? Oder: Gebrauchsanleitung fürs Gehirn. Zitiert nach: 9. Auflage. Bremen: Gabal, 1993.

Brockhaus: Enzyklopädie in 24 Bänden. 15. Bd. Moe-Nor. 19. Aufl. Mannheim: Brockhaus 1991.

Burghardt, Manfred: Einführung in Projektmanagement. 4. Aufl. Erlangen: Publicis, 2002.

Burghardt, Manfred: Projektmanagement. 7. Aufl. Erlangen: Publicis, 2006.

de Bono, Edward: Das Sechsfarbendenken – ein neues Trainingsmodell. Düsseldorf: Econ, 1987.

de Bono, Edward: Six Thinking Hats. London: Penguin, 1990.

Büchner, Karin: Seminar „Kreativität in der Buchherstellung". München: Juli 1997.

Delp, Ludwig; Lutz, Peter: Der Verlagsvertrag. 8. Aufl. München: Beck Juristischer Verlag, 2007.

Der Duden, Bd. 1: Rechtschreibung der deutschen Sprache. 24. Aufl. Mannheim: Bibliographisches Institut, 2006.

Der Duden, Bd. 5: Fremdwörterbuch. 9. Aufl. Mannheim: Bibliographisches Institut, 2006.

Der Duden, Bd. 9: Richtiges und gutes Deutsch. 6. Aufl. Mannheim: Bibliograpisches Institut, 2007.

DIN 1421. Gliederung und Benummerung in Texten. Januar 1983.

DIN 16511. Korrekturzeichen. Januar 1966.

Ebel, Hans F.; Bliefert, Claus; Greulich, W.: Schreiben und Publizieren in den Naturwissenschaften. 5. Aufl. Weinheim: Wiley-VCH, 2006.

Fromm, Karl: Nordemann, Wilhelm: Kommentar zum Urheberrechtsgesetz und Urheberrechtswahrnehmungsgesetz. 8. Aufl. Stuttgart: Kohlhammer, 1994.

Hackl, Heinz: Praxis des Selbstmanagements. 2. Aufl. Erlangen. Publicis MCD, 1998.

Heinold, Ehrhardt: Bücher und Büchermacher. 6. Aufl.
Frankfurt: Bramann, 2007

Hoffmann, Walter; Hölscher, Brigitte G., Thiele, Ulrich:
Handbuch für technische Autoren und Redakteure. 3. Aufl.
Erlangen: Publicis, 2002.

Klug, Sonja: Bücher für Ihr Image. Zürich: Orell Füssl, 1996.

Menche, Birgit; Russ, Christian: Urheberrecht für Dummies.
Weinheim: Wiley-VCH, 2006.

Neumann, Rudolf: Zielwirksam schreiben. 4. Aufl. Grafenau/
Württemberg: expert, 1994.

Organisationsplanung. München: Siemens, 1992.

Radermacher, Franz Josef: Kreativität – das immer neue Wunder.
Forschung & Lehre 10/95.

Schalten, Schützen, Verteilen in Niederspannungsnetzen.
4. Aufl. Erlangen: Publicis MCD, 1997.

Rat für deutsche Rechtschreibung: Deutsche Rechtschreibung,
Regeln und Wörterverzeichnis. Amtliche Regelung. Tübingen:
Narr Francke Attempto, 2006.

Seiwert, Lothar J.: Das neue 1x1 des Zeitmanagements. 3. Aufl.
München: Gräfe und Unzer, 2004.

Wahrig: Die deutsche Rechtschreibung. Gütersloh: Wissen Media
Verlag, 2006.

Stichwortverzeichnis

Dirk Börnecke (Hrsg.)

Basiswissen für Führungskräfte

Recht und Finanzen; Organisation, Strategie, Personal; Marketing und Selbstmanagement

5., überarbeitete Auflage,
499 Seiten, gebunden
ISBN 978-3-89578-289-3
€ 42,90 / sFr 64,00

Manfred Burghardt

Projektmanagement

Leitfaden für die Planung, Überwachung und Steuerung von Projekten

7., überarbeitete und erweiterte Auflage, 2006,
696 Seiten, 342 Abbildungen, 112 Tabellen
plus 56 Seiten Beiheft, gebunden
ISBN 978-3-89578-274-9
€ 119,00 / sFr 188,00

Ulrich Eberl, Jörg Puma

Innovatoren und Innovationen

Einblicke in die Ideenwerkstatt eines Weltkonzerns

2007, 263 Seiten, 73 farbige
Abbildungen, gebunden
ISBN 978-3-89578-285-5
€ 34,90 / sFr 56,00